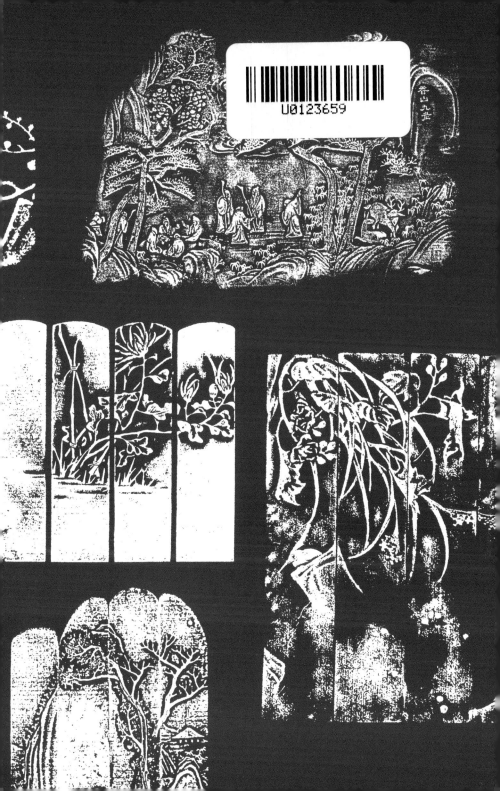

中華藝術導覽

# 壽山石考

熊　寥譯註　藝術圖書公司印行

　　我閩❶有著不盡的書，人們有嗜好獨特之物的情懷。

　　蔡襄對荔枝作「譜」；徐燉編纂《閩畫記》，都是有識在胸，借書於手，盡慮勞精，耕耘甚勤。

　　我創作此書，是應同邑陳宗怡之請。

陳宗怡在童年時，曾到壽山釣遊，所以，他對壽山上的鳥飛雲變，魚寂日沈，其樹何狀，其石何名，如數家珍。他攀登壽山，不懸衡，而知俯仰，於是鑿險縋幽，披沙析土，聽流水聲而知佳石所從出，審其情，辨其性，這樣過了五十多年。又見壽山鄉的田夫野老，瘦妻穉子，雖然亂頭粗服，無不斧斤扼腕物色，全家老小往往捨棄田疇而問佳石，或尊酒敍歡，或藉草並坐，不知暮色蒼然。然而，今壽山多伏莽，行人裹足而不敢前行。回想少年時的景色，好像被時光吞噬。

正是基於上述原因，陳宗怡殷切盼望我的著述能獲成功，其意何勤啊！

如果懷著挾恐見破的私意，而無從善服義的公心，那就一事無成。

盼望世上的博雅君子，宏揚陳宗怡的精神。

侯官❷ **張俊勛** 幼珊
序於雅荷堂
甲戌上巳日

【註】

❶閩——古民族名。聚居於今福建省境。後因簡稱福建爲閩。

❷侯官——舊縣名，今福建福州市。

　　壽山石，質地晶美，呈色繽紛，如玉勝玉。它不僅是篆刻印章的寶材，而且只要加工得當，又是供人把玩品賞，冶人性情的藝術佳品。

　　自宋代以來，特別是明清時期，由於它所獨具的藝術品位和在

中國工藝美術史上的地位，而使多少收藏家和藝術愛好者傾倒。人們讚詠它，寶藏它。

張俊勛《壽山石考》匯集了前人研究壽山石的成果。它不僅對壽山石的質地和外觀，而且對壽山石的產地、採掘、加工、辨異，都作了多角度的巡視。人們讀完這本著作後，對壽山石的全貌，將有一個基本而比較全面的瞭解。

《壽山石考》成書於民國二十三年（公元1934年），距今已有六十多年，全書用文言文寫成，而且行文比較艱澀又未斷句，不利於人們閱讀；加以印數少，所以它在社會上的影響甚微。

台北藝術圖書公司何恭上先生，邀我把此書譯成現代漢語，並請古物專家王智敏女士配彩圖，並寫圖說，重新出版。我欣然命筆，因為此舉有助於人們對「壽山石」的瞭解，有助於中國印材工藝美術史研究的深入。

為了便於讀者的閱讀，譯者書中增加了二級標題和三級標題，但全書的體例和內容，均保持原貌。原書沒有註釋，譯本中的註釋，為譯者所加。

越寧

1995年5月27日
於西湖畔寓所

壹

壽山石坑圖

壽山石坑圖

鵝角嶺　果洞

吊筧山

鳶虎凍坑

金獅峯

飯洞巖

山園籟坑

連江黃坑

艾綠洞　即月尾綠月尾紫產此

月尾巖

芙蓉峯　無產石

碓下坂

田黃坂

榕槎山

溪坂

下坂

黃坑

寺坪　壽山寺遺址

南

中坂

鹿目格坑

迷翠寮　尼姑寮

上坂

# 壽山石

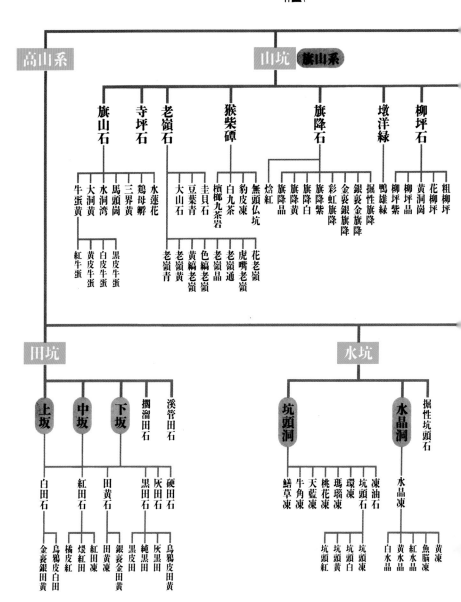

高山系

山坑　旗山系

旗山石

寺坪石

老嶺石

猴柴磹

旗降石

墩洋緑

柳坪石

牛蛋黃
大洞黃
水洞灣
馬頭崗
三界黃
鷄母孵
水蓮花

黑皮牛蛋
白皮牛蛋
黃皮牛蛋
紅牛蛋

大山石
豆葉青
圭貝石
檳榔九茶岩
白九茶
豹皮凍
無頭仏坑
焙紅

老嶺青
老嶺黃
黃編老嶺
色編老嶺
老嶺晶
老嶺通
虎嘴老嶺
花花老嶺

旗降品
旗降黃
旗降白
旗降紫
彩虹旗降
金裹銀旗降
銀裹金旗降
掘性旗降
鴨雄緑

粗柳坪
花柳坪
黃洞崗
柳坪紫
柳坪品
柳坪紅

田坑

上坂
中坂
下坂
擱溜田石
溪管田石

水坑

坑頭洞
水晶洞

白田石

金裹銀田黃
烏鴉皮白田
橘皮紅田

紅田石

煨紅田
紅田凍

田黃石

銀裹金田黃
田黃凍

灰田石

黑皮田
純黑田

黑田石

烏鴉皮田
灰黑田

硬田石

烏鴉皮田黃

蟳草凍
牛角凍
天藍凍
桃花凍
瑪瑙凍
環凍
凍凍石
坑頭石
坑頭黃
坑頭白
坑頭紅

坑頭凍

水晶凍

水晶
白水晶
魚腦凍
黃凍
紅水凍
黃水凍

掘性坑頭石

油石

# 分類表 》

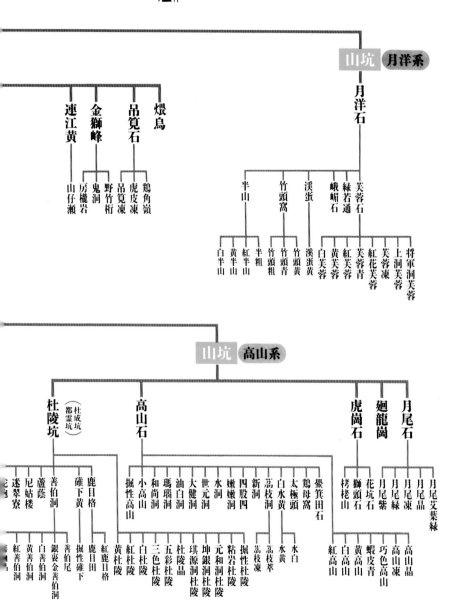

山坑　月洋系

月洋石

連江黄　金獅峰　吊筧石　煨烏

山仔瀨　房櫳岩　鬼洞　野竹桁　吊筧凍　虎皮凍　雞角嶺

半山　竹頭窩　溪蛋　峨嵋石　綠若通　芙蓉石

白半山　黄半山　紅半山　半粗　竹頭粗　竹頭青　竹頭黄　溪蛋黄　白芙蓉　黄芙蓉　紅芙蓉　紅花芙蓉　芙蓉凍　上洞芙蓉　將軍洞芙蓉

山坑　高山系

杜陵坑（杜成坑　郡靈坑）　高山石　虎崗石　廻龍崗　月尾石

迷翠寮　尼姑樓　蘆蔭　善伯洞　碓下黄　鹿目格　小高山　掘性高山　和尚洞　瑪瑙洞　油白洞　大健洞　世元洞　水洞　嫩嫩洞　四股四　新洞　荔枝洞　白水黄　太極頭　雞母窩　墨箕田石　栳栳山　獅頭石　花坑石　月尾紫　月尾綠　月尾凍　月尾青　月尾晶　月尾艾葉綠

紅善伯洞　白善伯洞　黄善伯洞　銀裹金善伯洞　善伯尾　掘性碓下　紅鹿目格　鹿目田　黄鹿目格　紅高山　白高山　三色杜陵　五彩杜陵　杜陵晶　琪源洞杜陵　坤銀洞杜陵　元和洞杜陵　粘岩杜陵　掘性杜陵　荔枝凍　荔枝萃　水白　水洞　紅高山　白高山　黄高山　蝦皮青　巧色高山　高山凍　高山晶

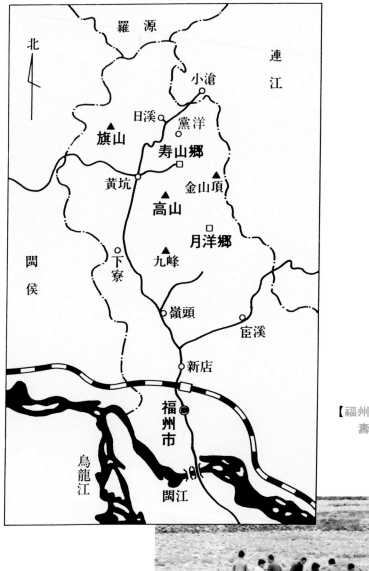

北

羅源

連江

小滄

日溪　黨洋

旗山　寿山郷

黃坑　金山頂

高山

月洋郷

閩侯　下寮　九峰

嶺頭

宦溪

新店

福州市

烏龍江　閩江

【福州市・壽山近郊地圖】

❶【壽山石產地分布圖】
壽山鄉環抱在旗山、老嶺、猴柴礴山、柳坪、金獅公山、峨眉山、加良山、芙蓉山、九峰、高山諸峰中。壽山石即分布在諸峯礦脈中，產石坑洞有百餘處。

## ⊖ 壽山地貌

### 【◆壽山圖釋◆】

地官掌管圖籍，並考察它和國家的實際疆域是否相符。班固《漢書》記述國家地理狀況時，對江河山川敍述頗為詳盡，其中並註明：「壽山為閩中的名勝」。然而卻沒有附圖，這對研究者來說，實為憾事。

魏杰《九峰志》雖然附有地圖，但是它不是專門記述壽山。

府志刊載的壽山圖，只載錄了近郊的一部分，無法窺其全貌。

壽山起始於北城。從北城出發，向南依次向前遞行，經三里到新店。從新店前行五里到赤橋。從赤橋前行五里，登上白鴿亭。從白鴿亭向前十里到嶺頭。從嶺頭前行五里到豬蹄亭。從豬蹄亭下到青石溪為五里。從青石溪向上攀登五里到蔡嶺。從蔡嶺前行五里到半蘭亭。從半蘭亭前行五里平路到下寮。從下寮往前行十里到翠微院。從翠微院前行五里到黃坑。從黃坑前行十里到壽山鄉。

從壽山鄉向上攀登五里到達高山。從高山向左前三里到白水黃；向右前行三里到坑頭。沿高山山脊前行一里到蘆音坑，向右前行四里為蛇瓠坑，前行三里到杜陵坑。從杜陵坑前行一里到迷翠寮。從迷翠寮右前行二里到鹿目格坑。從鹿目格坑正面下山走一里到田黃，然後到產鄉山、鄉田。鹿目格面對杜陵坑，距離月尾紫和月尾綠只有四里。月尾紫、月尾綠的右側三里處為金獅峰。金獅峰右側三里處為飯洞巖。而飯洞巖右側三里處為果洞。果洞離野竹桁大約一里路，從果洞背部向上攀登十里到雞角嶺。雞角嶺左面距離弔篦山和虎皮凍坑八里，距離山井籟坑和連江黃坑為十里。雞角嶺右面距離奇艮為十五里。奇艮的背部距離柳坪為八里，奇艮正面距離九茶巖為十一里。九茶巖背部距離黨洋山為十五里。黨洋山右部距離老嶺為十里。老嶺面對旗山。旗山左面距馬頭艮為五里。從馬頭艮向下行一里到鵝卵坂。從鵝卵坂下行約一里左右到寺坪，然後返回到壽山鄉。(圖‧1)

上面所講路徑，都以民里計算。

壽山臘石礦分佈圖

▲ 黃巢山
▲ 931

北

老嶺
867

猴柴磹山
▲ 942

柳坪
▲ 720
▲

金山頂
▲ 714

旗山
1130
▲

貝叠村○

水洞灣

馬頭崗 ▲

寺坪 ▲

▲ 旗降
無頭佛坑 ▲

○壽山鄉

▲ 1
2 ▲ 虎崗
▲碓下

▲ 4 3
上坂 ▲ 鹿目 ▲
坑頭 ▲ 5

高山
983

小高山 ▲

白水黃

▲ 房櫳岩

▲ 金獅公山
879

月尾
善伯洞
都成坑

芙蓉洞

壽

山

溪

▲ 吊筧

| 1 | 獅頭 |
| 2 | 下坂 |
| 3 | 中坂 |
| 4 | 栲栳山 |
| 5 | 太極頭 |

芙蓉山
980

峨嵋山
▲ 777
▲

○九峰 ▲

加良山
636 ▲
▲

猫頭山
628
▲

圖　例

○ 村莊　　▲ 石產地
── 公路　　⅄ 河流

比　例　尺

0　　　1　　　2公里

## 【◆壽山的地理位置與範圍◆】

今天，從田黃坂出發，向東前行，依次為：高山坑、頭洞、杜陵坑、鹿目格、蘆音、蛇瓠、迷翠寮。東南為白水黃。東北界為芙蓉、峨眉兩峰、月洋鄉。田黃坂以北為月尾綠、金獅峰、飯洞巖、果洞、野竹桁、雞角嶺、豆耿、虎皮、山井籠、連江黃、奇艮。西北為：九茶巖、柳坪、黨洋、老嶺。田黃坂以西為：旗山、馬頭艮、三界黃、大洞黃、鵝卵、水蓮花、雞母窩。田黃坂以南則為栲栳山，寺坪。繞山一匝，形勢瞭如指掌。

## 【◆壽山與九峰、芙蓉鼎足而立◆】

前人遊覽壽山，都由長箕嶺入，經九峰，至壽山。其實不經過九峰，可直接入壽山，堪稱捷徑。

壽山峰，高幾百丈，到了長箕嶺，即可望見。長箕嶺俗稱「嶺頭」。《福州府志》載：「壽山峰，嶺在三十七都」。

《三山志》載：「壽山峰在寧碁里」。

《八閩通志》載：「壽山峰在桃枝嶺上，形圓如菌苕」。

謝肇淛《遊記》：「壽山與九峰、芙蓉，鼎足虎踞，稱三山。壽山在蓮花峰後。」

壽山山脈，從古田、羅源南來，匯合於長箕嶺、蓮花峰，但是，福州郡外的山脈，不屬壽山。芙蓉位於壽山左側，九峰屹立在壽山之右。陳鳴鶴詩云：「芙蓉只在九峰西」，表明它在壽山西部。

## 【◆壽山與旗山◆】

有人認為「旗山為壽山之巔」；有人認為壽山、九峰和芙蓉三山均隸屬於旗山。

旗山為壽山對面的山脈，它與城西的「旗山」是兩座不同的山。

《通志略》載：「豈能把它視為壽山之屬！」

《三山志》講到「壽山」時說：「位於稷下里」。朱彝尊詩也說：「其初產自稷下里」。

《八閩通志》說，壽山「位於四都」。

《福州府志》載，「壽山距九峰十里」。

《閩都記》載：「壽山離府城八十

里」，此說最爲準確。黃幹詩：「三山屹立相犄角，百里連亙如長城」，堪爲有識之見。

## 【◆壽山溪的流域◆】

壽山溪出自坑頭洞。坑頭洞山後，山巒重疊密織，從地穴處溢出溪水。由此可知，壽山溪流源於壽山自身。

壽山溪流經上坂、中坂和下坂，到溪坂後折向西北，中經店下厝，過壽山廟前，與背裡山的溪水匯合。再經栲栳山邊緣流過，沿田黃折向東，過碓下坂，傍迷翠寮，曳安竹欄，進入連江縣境。其下游處的月洋溪與壽山溪不相連。

黃幹詩中所說「大溪」、「章溪」，都不是指壽山溪，也與害石溪無關。

謝肇淛詩：「隔溪茅屋似村墟，門外三峰尙儼然」；陳鴻鶴詩：「千枚碏璞❶ 多藏玉，三日風煙半渡溪」，他們詩中描繪的實際上是壽山溪的情景。

【註】
❶碏璞──色澤斑駁蘊藏玉的石頭。

## 【◆壽山廣應院◆】

據《福州府志》載：「壽山廣應院在四十都」，「唐光啓三年創，萬曆初重建」。《閩都記》載：壽山廣應院「今廢」。

對於壽山寺院遺址，徐熥詩作了這樣描述：「草侵故址抛殘碏❶，雨洗空山拾斷珉❷」。魏杰詩也作了類似描繪：「石室鑿成霞絢爛，田珉流出玉玲瓏」。

【註】
❶碏──雜色石頭。
❷珉──似玉的美石。

## 【◆芙蓉山與壽山◆】

《道光通志》載：「芙蓉山距城六十里」。《閩都記》載：「芙蓉山距府城八十里開外」。《福州府志》載：「芙蓉山在五十六都」。《三山志》：「芙蓉山在稷下里，秀麗如芙蓉。唐咸通八年創延慶禪院」。文中說的「延慶禪院」即芙蓉寺，今廢。

《閩書》載：「芙蓉山中有個洞，

叫做『靈源洞』」。

謝肇淛《遊記》載：「芙蓉山的背面，正好對著壽山的正面」。由此看來，芙蓉山與壽山之間，有路可通連。

謝肇淛《遊記》又載：「芙蓉山靈源洞荒塞了幾十年。五代僧人義存的開山堂遺址尚存」。不過，此處現不出產壽山石。

### 【◆九峰山與壽山◆】

《福州府志》載：「九峰山在四十都，距城七十里。奇峰九出，圓秀峭拔」。

《三山志》：「九峰山在興城里」。

《道光通志》載：「從壽山長箕嶺，可進入九峰山」。

謝肇淛《遊記》：「從九峰山折而右行十里至芹石。從芹石前行十里到王坑。鳥道盤空，山山相續。由此前行十餘里，才開始進入壽山，壽山距離九峰山爲十里」。由此可知，九峰山又可通壽山。

從九峰山、桃枝嶺的右側進入壽山就到蔡嶺。蔡嶺原名右嶺，通上下寮。

### 【◆壽山翠微院◆】

《閩都記》載：「翠微院，唐天成元年置，宋代至和三年重建，今廢。」

### 【◆壽山豬蹄嶺◆】

《榕城考古錄》載：「長箕嶺的北面爲聚齊亭，俗呼豬蹄亭」。它是城外各鄉人士入城的孔道。春夏之交，笋市最盛。

### 【◆壽山下寮◆】

下寮右面，通羅源。

綜上所述，可見下寮是進入壽山鄉的孔道。

## ⊜ 壽山產石地

### 【◆坑分三類◆】

壽山石產地，方圓約三十里，分爲三類坑：田坑、水坑和山坑。

### 【◆花石坑產石◆】

宋代時推重花石坑。其坑多出五色石。

《竹窗雜錄》載：「花石坑出產的壽山石，可同靑田凍石相匹敵」。

《閩雜記》載：「下坑下面的山坑出產的壽山石，石上的五色不足取。」不過，此坑不屬宋代花石坑。

宋代花石坑的遺址，可惜今天不能再開採。

【◆田坑產石◆】

田黃石出自田坑。都靈坑、蛇瓠坑、迷翠寮、鹿目格都出產田黃石。然而，田坑中出產的田黃石倒少。

【◆水坑和山坑產石◆】

環高山麓，旣有水坑，又有山坑。

《觀石錄》：「水坑懸絙下鑿，（出產的壽山石）質潤姿溫。山坑（出產的壽山石）姿闇質微堅」。

又說：「水坑出產的壽山石上品，明澤如脂，用衣纓拂拭即顯劃痕」。這種說法，比較合乎實際。

水坑出產壽山石要比山坑多得多。

【◆坑頭產石◆】

環高山旁有個坑洞，叫做坑頭。此處出產的壽山石，叫做水晶、魚腦、環凍、牛角、天藍、鱔草。

【◆溪中洞產石◆】

所謂「水坑」，坑洞當在溪水匯合處。溪水中的坑洞，出產壽山石最佳也最多。

坑頭下的坑洞別名叫「溪中洞」，實際上是坑頭洞坐落在溪流間。

【◆高山洞產石◆】

已發現的高山洞，有大健洞、新洞、油白洞、嫩嫩洞、世元洞、大洞、和尚洞、水洞、瑪瑙洞、祥容洞等。其中以大洞最大。

大健洞分爲三個坑，產石多帶筆格紋，容易發裂，以白色石爲常見。

新洞產石，石質比較嫩，其中色澤渾淡，紅如桃花者佳。

油白洞出產黃白二色壽山石。

民國二年，嫩嫩洞曾經出產一種像白水晶的壽山石。現在只剩下一些黑色石，殊不足玩。

光緒初年，世元洞曾經出產一種類似高山晶的壽山石。也出產紅、白各種色澤之石，石質略如半山所產。現在只剩下一些粗紅且多孔刺的石塊。

大洞出產的類似高山晶的壽山石尚可，現在均現雜色。

壽山洞坑均產石，只是不專門出產某一種名石。

## 【◆洞坑怪奧◆】

洞坑均似蜂窩、箸眼狀、斲傷十分厲害。坑洞上部，成覆盂狀。進入坑洞後，其中窈窕深邃，左右互鎖，懸乳時滴毛髮，危石突出，如將墜下壓人。向下俯視，則潭水深千丈，不可厲涉。在坑洞中採石，或架木以支，或側身而入，或縋而下，或仰臥而鑿，或俯首而出，甚至兩足兀然，只能蠕蠕移動，寒冷不可久駐。怪奧密處，確實足使人駭目驚心。

山坑洞旁，漸成蹊徑。山後密篁叢箸，猛虎藏身，毒蛇所居，行者視爲畏途。

## 【◆壽山周圍的名石產地◆】

壽山十里外爲黨洋鄉，出產黨洋。遍山都是狀如劍戟的綠苦竹。

距壽山鄉三十里爲月洋鄉。此處出產名石有五個地方：芙蓉、上洞、半山、半粗和竹頭窩。

《福州府志》僅載田中、高山、將軍洞等處出產名石，顯得過於簡略。

使人悲傷啊！

歷代久遠，括皮鑿骨，斷絡弛脈，山之精華，窮竭無遺！豈非所謂多石而少人？誰又能禁閉使不世出，而後能保全壽山的精華呢？

**❷**

【壽山石雕伏虎羅漢】——明代
據文獻載，壽山石的開採始於宋代。1965年福州北郊二鳳山南朝墓葬出土過壽山石雕藝術品。把壽山石的開採史推前了一千餘年。這件明代的壽山石雕刻，技藝的嫻熟，顯示出壽山石雕藝術已經歷了一定的發展歷程。

【◆石的釋義◆】

「石」字，古代寫作「后」。

《說文》：「石，山石」。

《釋名》：「山體爲石」。

《博物志》：「石，山骨」。

《物理論》：「土精爲石」。

《詩經》：「維石巖巖」。

《書》：「擊石拊石，易介於石」。

《春秋傳》：「石言於晉莊子，歌聲若出金石」。

《呂氏春秋》：「功績勒乎金石」。

【◆石的特點和用途◆】

古代製作碑碣，哪一種不是用「石」作成的呢？形容石發出的聲音，用『礔礚硍碚』。形容石的外貌，用『硴礌磏礫』。形容石上的光彩，用『磷磷礛礛』。選作印章，另有石材。如米顛的拜石，東坡的耽石。然而，端溪石怎能比得上壽山石？

【◆壽山石的特點◆】

《三山志》載：「壽山石瑩潔如玉，可作印章」。

《閩都記》：壽山石，「大的長有一二尺，柔而易攻，爲珉❶ 屬」。

《壽山石記》：「近世士大夫選用靑田石❷ 作圖章，重達二三兩。但是，它的價值還是不能與壽山石相比。因爲壽山石更是陸離滿目。舊傳艾綠色壽山石爲貴，今天種種壽山石皆珍」。

《閩雜記》：「其初，壽山石被鄉人取作碌碡等器。明末，擔穀進城的鄉人，用田石❸ 壓一邊空篋，被曹學佺公發現而奇賞，於是見稱於時。清初的耿精忠把它用作進獻給京師權貴的禮品。到了近代，壽山石已經斷掘殆盡。英國人多以重價購買田黃眞品。有人講，用壽山石製作帶板和帽花，可以避兵」。

《福州府志》：「宋代時有坑。因開採壽山石加重百姓負擔，縣官派人用車裝巨石，把坑塞滿。宋代採掘壽山石，似乎從花石坑開始。」（圖·2）

【◆壽山石的開採◆】

《黃勉齋集》：「石有文彩，多招斧鑿」。

從《曝書亭集》所載來看，宋代政權南渡之後，壽山石坑長期被封。

相傳明代洪武年間，朱元璋派遣內監，駐節壽山，專門採掘田黃，供奉掖庭。崇禎年間，有人用壽山石鏤飾成轡絨裎帶念珠等物。也有人用它磨礱作印章。布政使謝在杭賦詩讚詠：「山空琢盡花紋石」。似乎在明代重又開採壽山石。(圖·3)

從《三山志》的記載來看，清代康熙年間，壽山石被採掘一空，到嘉慶初年，重又採掘。查初白《歌》云：「強藩力取如輸攻」。

據閩時觀《石錄》載：「康熙戊申，閩縣陳越山攜帶糧草和行裝到壽山採石，山中得到的神品運送到京師。於是好事者接踵穿鑿」。同書「跋」末又載：「丁巳後，在壽山大肆開採，每天在山中從事開採的力役達一、二百人。」這就表明，時隔八年之後，重又開採壽山石。

初白《至美》說：「它山之石都差」。

王漁洋也認為壽山石，「石質溫，宜鐫刻，其價與『燈光』相近」。

黃莘田談到壽山石時，有「夙產美石稱神皋」句。

在清代，壽山幾經懸巖穿潤，牧豎與樵夫爭徑，填山盈谷，與紅妝細馬為容。甚至阡隴皆廢，民勞弗止，肆塵在望，物習為移。

所以，初白又說：「如何出寶還自賊，地脈將斷天無功」。莘田說：「戕其絡脈剡至骨，得不刻露傷天發。」加之壽山處於上游，腰背城壕，精華鍾氣最厚。摶土而生佳石，不陽剛而柔美，不燥澀而潤澤，不頑魯而樸茂。夾路峰巒，杉竹蔽天，溪流映帶，不可窮際。穿上草鞋在此處遊覽，萬籟俱寂，也聽不到雞鳴犬吠之聲。愈上登，景色愈美。

歷代士大夫戀其景致幽夐而雄渾，石頭晶瑩而斑斕，無不賦詩讚詠。也有人為此撰寫著錄而自行出版。盡管他們是異鄉人，卻把壽山美景及其佳石，視為自己家鄉的珍寶。

【◆壽山石的收藏◆】

壽山石，質如璠璵、球琳、瓊玖、

❸【壽山石雕刻】——清代

據傳元明以後，福建的寺廟僧侶多以壽山石雕刻佛珠、香爐等宗教用品作爲布施紀念回贈。明清以後更盛行以壽山石雕刻精美的佛像、羅漢像作爲供奉觀賞藝術品。

玫、瑈；品貴似乎在玳瑁、琥珀、瑪瑙、珊瑚之上。

一旦獲得壽山石，人們往往把它裹上錦羅，貯放琉璃匣中，不敢拿給人觀賞，甚至連知己的密友揖拜求觀，也不願輕易應允。間或出示一二件壽山石讓好友觀賞，如果有人戲言指出壽山石藏品某些不足之處，那麼收藏者必定懊喪終日；如果人們稍爲讚美其藏品，那麼收藏者就歡愉動色。名公巨卿，高人雅士，大都嗜好此石。

通都大邑，異方殊俗。然而，在對待壽山石方面卻頗爲一致：不惜重金予以羅致。如果視爲至寶的壽山石，一旦失去，就要砍掉婦孺之手，其僕人更是難逃厄運。真是天下奇寶無不經歷天下之奇劫，壽山石也不例外。

千巖競秀，萬壑爭流。不是愛好旅遊的人不能觀賞到這樣景色，只能從圖畫與詩中去揣摩。

太華之峰，錢塘的潮水，匡廬的瀑布，泰岱的日出，雁蕩的雲謫，無不奔湊攢簇。對於這類奇觀，卻無法從圖畫和詩歌中欣賞到。

在几席間，人們珍藏、玩賞的壽山石，其景奇狀，不也是勝似詩畫嗎？

自從文彭獲得「老坑凍」後，壽山石艷傳四方。而震澤吳至愼曾經以荔枝、素蘭、壽山石爲「冶南三妙」，並賦詩讚詠。

高固說：「藏石之家，懷瑾❹握瑜❺，窮日達旦，講論辯識，橫陳齋館」。

毛奇齡也說：「每次得到一塊田坑石，常常互相傳遞賞玩，看了還看，非常珍惜，就是勢頭大、地位高的人，也不能硬要，這是有理可信的呀！至於說『玩物喪志』，那是道學家不可相信的謬言，談藝家不能公開的秘論。

有人跟我開玩笑說：『能飽人肚腹的不一定要米麥，能使人富有的不一定要金銀。你那小箱子裝得滿滿的是什麼，爲什麼要裝在裡面？別人會懷疑，你要是不防備，就會遭竊。』

我覺得他的話很有趣，就隨口回答他：『沒別的，只是些先人的遺物而已。』又受不了他老盯著小箱子看，剛一打開立刻關上，收起鑰匙來。

他怪我收得這麼快，我只是怕他動手拿走，害我日夜對田坑石『相思』罷了。於是我左顧右盼，護著小箱子像是保護我的頭，平常怕有愛石人搶走我的寶，又像有準備巧取豪奪的人在我身邊一樣，妻兒暗暗笑我，佣人們看著奇怪。不是石頭的文采足以怡情，怎能使我對它生情到這地步？

我常看到一些愛石人想得到美石那心動的樣子，聽說某家有某石，某人跟他熟悉，就找些熟人去他家，說了許多理由，甚至故意說『這一塊石頭的缺點在哪裡哪裡』，其實是很想得到它。也有『借去看看』，就此不還的，還說『一塊石頭而已，無傷大雅』。有些人是藏著寶貝卻無法不考慮別人不斷的請求。而想田坑石的人，到手的時候，有如上了有名的大城，當選為國士，可以用這來形容他

的歡欣。

有的是平日總帶著它，患難時候也沒拋開，根據這些情意，做詩做畫來說明，請了一屋子的朋友，來品評裁量。如果大家都能了解這是為什麼，那豈是好奇的過錯，這是嗜好相同所表現的狀況啊。」

【註】

❶珉──似玉的美石。

❷青田石──產於浙江青田縣方山。它是以葉臘石為主要組成的一種石料，色彩豐富，以青色居多，質瑩萃而略呈透明如凍。

❸田石──又稱「田黃石」，壽山石品之一。表皮多具微透明的黃色層，肌理玲瓏透澈。田黃石中，以「田黃凍」最名貴，體質透明，通靈活脫，價值連城。

❹瑾──美玉。

❺瑜──美玉。

## 【◆壽山石的形成◆】

石頭凝結，其初無不從積累結構開始，所以，石頭層次條理的排列，猶如受天時的涵養，地力的吸覆，年歲的蘊藏，雨泉的浸漬，草木的蒙蔭。由於石頭所處的位置不同，而水流順山谷、卸泥沙、挾溪流而下，致使石質有堅有鬆，呈色有純有雜。

石多帶堅，有裂縫，斧斤之質很明顯。

險峻高出的凍石，面多凝痕，如果水合它處色澤，必然產生五色石，或者呈現雲影波光的情狀。這是高山都靈產物，不是尋常山脈能導致的。

處於高下起伏，蜿蜒，迤邐，寬廣幾百里的深山大脈之中的異石，必須優先採掘。

## 【◆巖洞、坑穴的採掘◆】

巖洞、坑穴的採掘，有二種方法。巖洞採掘常常先開鑿土田，再往下開採。一般講來，土分三色：上層為黑土，中層是黃土，下層屬砂土。黃土中很少出產美石，砂土中出產最多。

（圖·4）

壽山石多在洞下，循山脈至半山腰而現。埋藏淺的只有一尺多深，埋藏深的達一二丈。巖縫中的藏石，聚集在一起，猶如髮髻；分散開來則成脈狀，酷似綿延而下垂的瓜蔓。這類藏石，一般從根部挖鑿。

## 【◆爆炸採掘◆】

光緒以前，開採壽山石用鎚子鑿。

光緒以後開採壽山石用火藥。作法如下：先鑿穴，再用棉紙包裹火藥，外夾長約一尺的竹片。引火線爆發時，巖與石並現。用這種方法開採出來的壽山石，多是鋒稜碎片，必須淬厲磨砥。完整者如塊如瓠；不完整者多坼裂。採石的農夫，間或審視不周，既費時間，又無所獲而返。於是他們不謀求改進爆炸法，而乾脆放棄此法。（圖·5）

## 【◆掘法、鑿法◆】

石農開採田黃坂、迷翠寮、鹿目格坑、蘆音坑、蛇瓠坑、金獅峰、溪坂、

**4**【田黃石採掘現場】

**5**【爆破採掘現場】

鵝卵坂等處的田黃，用掘法取石。

開採水晶洞、芙蓉潤、艾綠洞、薰洋、奇艮、牛角、連江黃坑、白水黃坂、上洞、半山凍坑、天藍、鱔草、油竹頭、坑頭、弔筧山、雞角嶺、九茶巖、虎皮凍坑、豆青巖、栲栳山、水蓮花坑、雞母窩、果洞、馬頭艮、野竹桁坑、山井籟坑、飯洞巖、松坂、柳坪等處的黃白，用鑿法。

開採都靈坑、高山、碓下坂、老嶺等處的壽山石，或用掘法，或用鑿法。

惟有溪卵石，乃是從溪流中選取，所以不費鑿掘。

寺坪石都是掘出。由於年代久遠，開掘的洞坑已超過掘者的身高，出土的美石，水土氣比較厚潤，猶同都靈坑、碓下坂出土的美石一樣。

由於所產巖洞不同，有的壽山石，石質非常堅實佳美，石面雕鑿不易。這類壽山石，俗稱為「餓虎巖石」。

凡是出自比巖洞更為絕勝處的壽山石，只要採掘得法，佳品日增，其質美，必定超過本書上面所述。對此，千百年後可以得到佐證。

【◆壽山石入礦物◆】

《說文》：「礦銅鐵樸石，古文作『卝』」；段註：「卝不是礦」。

《玉篇》「礦」作「礦」；《廣韻》「礦」作「鈰」；「六書」把「礦」作「鑛」；《六書統》「礦」作「矿」。後人因《周禮》「卝人掌礦」，說「卝」即是「礦」。

著者認為《說文》把「礦」當作「矿」，從石，象礦；從北，象人，所以，壽山石列為礦物，其義最古。可惜自宋代直至清代，從無一人闡發此義。

【◆壽山石的化學組成◆】

民國五年農商部駐閩鑛務技術員梁津，從壽山採集到山坑、水坑各種名石，發現岩石內均成脈狀。經過周密分析詳盡論證，論斷壽山石為礦物。

觀察《地質礦物學大辭典》所載：壽山石屬石質礦物，含水硅酸鹽類成分，含礬土以及含水硅酸鹽的鉀。

《近代民生地理志》稱壽山石成分為：含水硅酸鉛或水硅酸鉀、水硅酸鎂。

西方學者說，壽山石乃由筆蠟石、石筆石構成。其成分近似白雲母和長石。長石又是由巖石、塊滑石和壘塊石結化而成。

## 【◆石質變幻成因◆】

《鑛務誌略》則認爲：壽山巖大半係花崗石、石英、斑巖。斑巖即火成巖，所以產石地呈脈狀，與母巖劃然可分。

所謂「母巖」，是指礦石從其中開採出來而命名。也是由巖石分化而成。

《石雅》載：「母巖結體，比長石更多。壽山石大多龜坼，它係火成巖受到壓力而鼓蕩，遇到地熱而融成爲玉膏狀的液體，其源沸沸。塡滿石的空隙，所以我們察看其紋理，有的回旋曲折如流波，有的騈列似環帶；也有始以流動，終以凝止。」

在我個人看來，位於高山、坑頭和洞下的壽山石，比位於山洞垂脈凝止處的壽山石，受到水分滋益的多。這是因爲純巖的石質格外堅硬所致。

或許有人認爲石質遞嬗變化無窮，以此處的發生規律，來說明彼處的成因原理，未必盡通。

然而，須知生居在山的南面或北面的美石，或出水土，或依巖洞而決定自身的性能和內質的精粗。隨著所處地勢的高下，遇到空氣的厚薄不同，其外觀色澤的純雜也不盡相同。

今天，壽山石坑已盡行開採，田黃甚至連其碎塊也搜括無遺。

從山洞裡取石，石農又不願深入美石蘊藏的處所，而一心貪圖近便，而且在採掘時又不能吃苦，所以壽山石佳品愈來愈少見。

【♦品與色♦】

璧，以無瑕見寶。

珠，以有光爲容。

石也是這樣。石品不同，有如人面。簡要講來，在於品與色。

色，以純、淨、靈爲佳。

品，以神、妙、逸爲序。

色純不雜。色澤不垢。色靈不澀。

從品藻來講，神而能超，妙而能入，逸而能趣。濃淡高下之間，可伏而思。

前人說，壽山名品，不以石命名。

近世《民生地理志》把壽山名品列爲三十一種，然而，它把芙蓉潤和高山所出的色澤不同的壽山石，參差其名，這樣與實際出入較大，實際上只有二十一種。

《石雅》由於把高山凍的各種色澤，繁列其目，而列出四十個品種，但實際上只有三十多種。

下面以一石自爲一條。同一石，因色異，而名稱稍有差別，詳各條下，總共爲五十種。寺坪石列在最後。

另外，福建各縣和它省產石，選其可與壽山石匹敵或容易與壽山石相混的名品，附載於後。

石以壽山貴，壽山也以石而出名。

【♦田黃♦】

「田黃」（圖·6）產於壽山鄉內外洋田內。

田上有坑頭洞，洞旁有溪。以其田是否受到溪水灌漑，作爲有無田石的標準。

在古代，礦苗多。天晴時，石農開掘，只要挖到一尺至一丈深時，就可見到田石，然而難得大石，小石爲多，所以田黃很少削成方形器。（圖·7）

田黃石品，分爲上、中、下、碓下、四坂。中坂產的田黃最貴，質細而全透明。其令人奪目的產品，如隔河驚艷（圖·8）。

石地凝潤，石色之美，首推橘皮黃（圖·9），次爲金黃（圖·10）、桂花黃（圖·11）、熟栗黃（圖·12）、枇杷黃（圖·13）。石中散布蘿蔔紋。

白田黃，產自上坂和中坂（圖·15）。

黑田黃，出自下坂。其中又有黑皮田黃（圖·17）和純黑田黃（圖·18）

之分。

　　白田黃和黑田黃，均不如田黃。

　　在田黃石中，惟獨四方形的橘皮黃最貴，一兩重以上者，其價爲黃金的三倍。其餘各品，則視成色的高下而確定其價值。(圖·20)

　　田坑讚：「無汲水之勞，千夫悚目。有兼金之寶，廣廈聚族。無以名之，名之曰石帝。駭走水坑、山坑，惶恐而臣服。」

## 【◆溪坂獨石◆】

　　溪坂獨石，產自田石旁邊。褐黃色，也有的呈黝黑色。性堅硬，不受刀（刀進不去）(圖·22)。

## 【◆黃水晶◆】

　　黃水晶產自水晶洞與坑頭洞內。質通靈，色嫩黃，極佳。有的被水浸蝕，而爲內白外黃，俗稱「水晶變田黃」(圖·23)，質量次一等。

## 【◆白水晶◆】

　　白水晶產自坑頭洞與水晶洞內(圖·24)。

　　白水晶，一名晶玉，又名魚腦凍(圖·25)。地堅，質透明，光澤異常。《觀石錄》說它：「如白玉，膚理中微有栗起。」這是囿於所見。因爲不純淨的水晶，才有這樣的外觀，純淨的白水晶卻不一樣。

　　色澤最佳爲水晶白，其中又以似棉紋微細者最好。

　　白水晶中，有一種環凍，其紋或爲單環，或爲雙環，或爲三連環，好事者以爲妙。然而實際上不如魚腦凍。(圖·26)

　　雪白的白水晶，又次一等。

## 【◆天藍凍◆】

　　天藍凍出產於水晶、坑頭二洞。

　　天藍凍，一名蔚藍天。質細膩，上有棉花紋。最佳者色純淨而通靈，如雨過天青，其藍欲活。(圖·27)

　　前福建鹽運使劉鴻壽，家藏一方天藍凍。任福州總督後，從市場上又買得一方，晶瑩無比。後被日本人以重價購去。高固說：「對之生酒旗歌板

**❻【田黃石印材】**

田黃石屬田坑石。產地有上坂、中坂、下
坂及擱溜、溪管五處。黃、白、紅、黑等
色十餘品。《見50・51頁》

**❼【田黃隨形印材】**

田黃石材質珍貴，一般均隨形俏作，以免
損傷石材。

**⑧**【田黃凍】 楊思勝藏

田黃凍石質細潤，通靈透明，色純淨，公
認爲田黃石中極品。

**⑨【橘皮黃田黃石】**　　　　　　楊思勝藏

橘皮黃田黃石色澤濃重，黃中偏紅。

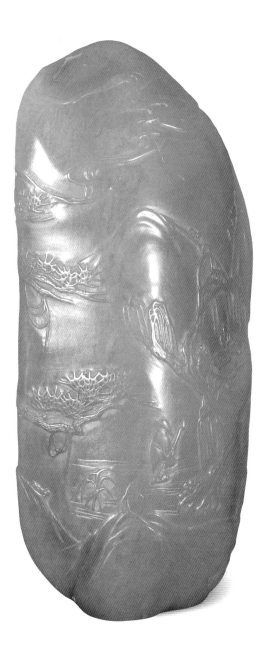

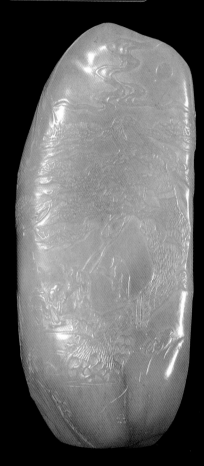

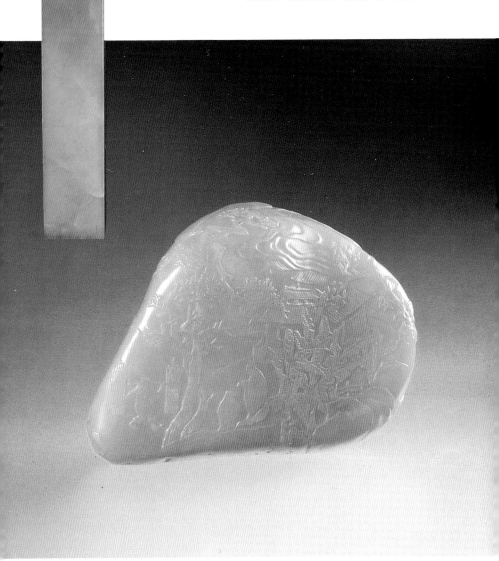

**⑩【黃金黃田黃石】**　　　　　　楊思勝藏

黃金黃色金黃璀璨，一說在田黃石中優於
桔皮黃，為最優品。《見55·56·57頁》

⑪【桂花黃田黃石】

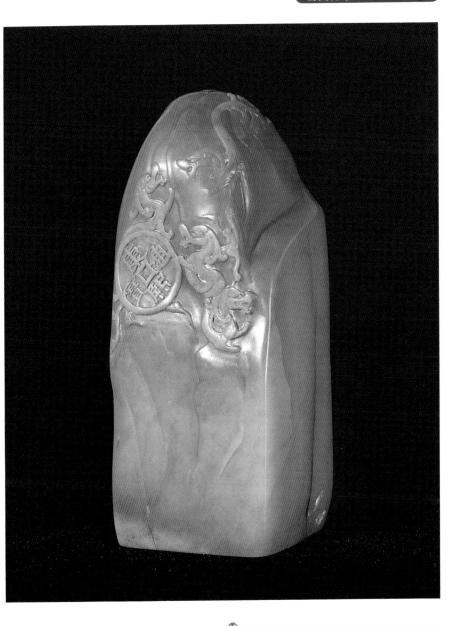

**⑫【熟栗黃田黃石】**                    楊思勝藏

⓭【枇杷黃田黃石】

**14**【銀裹金田黃】

【旧約十五】

**16** 【金裹銀田黃石】　　　　　　　　楊思勝藏

金裹銀產上坂，屬田白石類。

**17** 【黑皮田黃石】

黑皮田黃又名烏鴉皮田黃，屬黑田石。

**18**
【黑田黃】

**19**
【灰田黃】

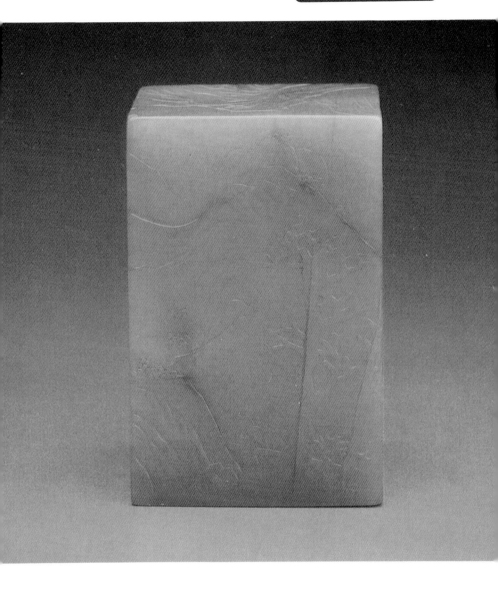

【田黃玉形印】

㉑【田紅石】

**22**

【溪坂獨石】

又名溪管田石，產壽山中坂溪管屋溪流
內，以色黃透明者爲佳。

㉓【黃水晶凍】

【白水晶】

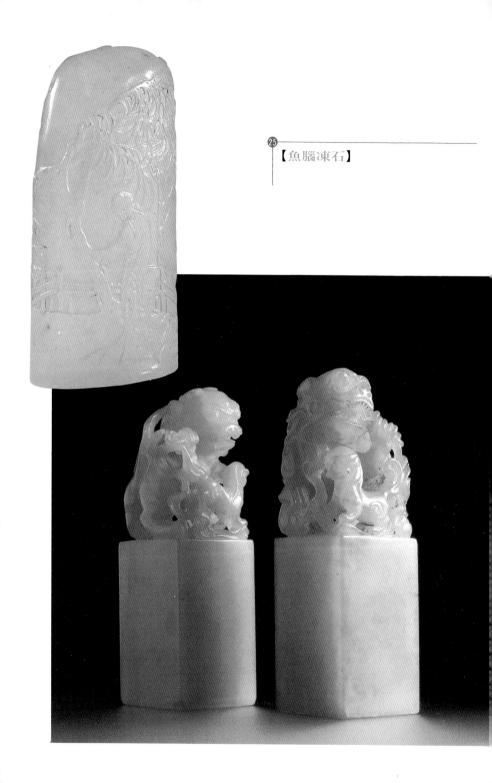

【魚腦凍石】

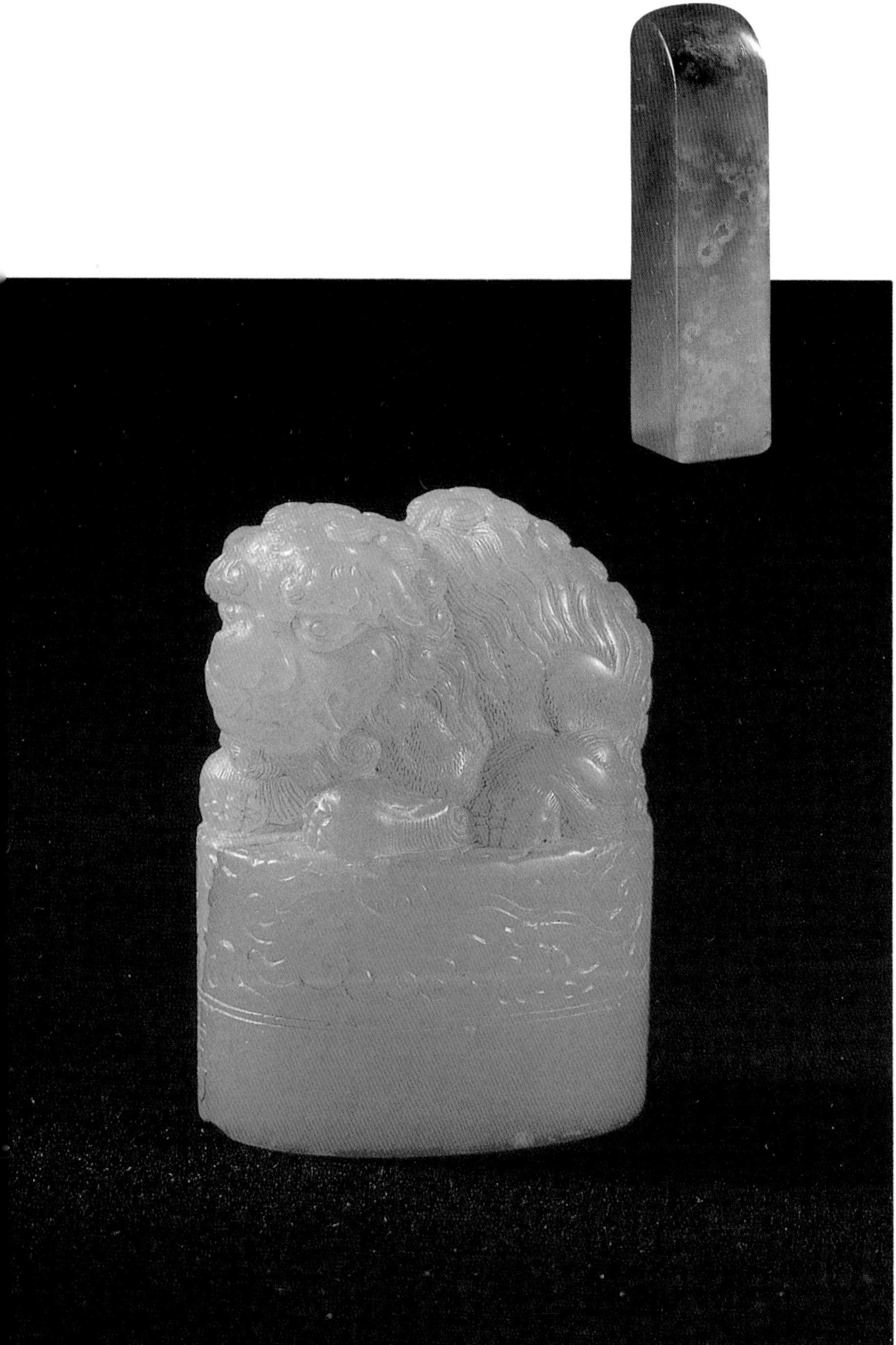

㉖
【壞凍石】

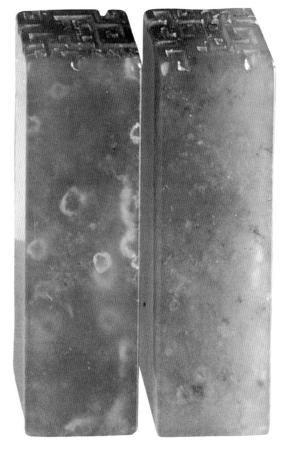

之思」，可謂形容得恰到好處。

## 【◆鱔草凍◆】

鱔草凍，產自坑頭洞和水晶洞。色如鱔脊，其中，以灰中帶微黃者為佳。質極其通靈細嫩，上有蘿蔔紋，其它石無法與它相混。(圖·28)

水坑讚曰：「水生石中，孕英育靈。精至融澈，遇淵而淳。噓為石氣，結幻石形。握不留掌，滑澤瓏玲。凝者膏腴，髓乳清泠。剔寶露姿，何處酒醒。曰晶與凍，勒詞山庭。以默尚聖，藹然德型。」

## 【◆牛角凍◆】

牛角凍產自坑頭洞內，透明而有光澤。其中帶白色者為佳；上有牽蘿蔔紋，屬中檔，藍白者稍次，色黑如弔筧山，內有砂者差。(圖·29)

## 【◆芙蓉◆】

芙蓉產於月洋鄉。質潤而膩，通靈程度比白水晶稍差些。其色澤，以藕尖白最好；次為豬油白、雪白；白而微青，又次一等，也有呈淡黃色。

芙蓉石出產較少。有人以豬油白為上品，其實不可信。因為剛被開採出來的芙蓉石，潔白而不與凡石為伍，經手澤摩挲，空氣侵蝕，其色轉成豬油白，然而已失去其本質，怎麼能反而把它列為上品呢？

相傳清代乾隆年間，某將軍派專人採取，架木攜燧火而入，多獲佳品，所以把將軍洞產的芙蓉列為上品，此洞也由此得名。年代一久，雨水浸漬，將軍洞崩陷，難於覓出，於是成為希寶。(圖·30)

## 【◆上洞◆】

上洞，產自月洋鄉。白而佳者，似芙蓉。質稍差，色呈黃、白、青和傷痕色。(圖·35)

## 【◆半山◆】

半山產自月洋鄉，色如李果紅、花紅，有的為黃色，為白色，與芙蓉相比，猶與六郎❶貌似，不相上下。(圖·36)

❷⑦【天藍凍石】

❷⑧【鱔草凍】

㉙
【牛角凍】

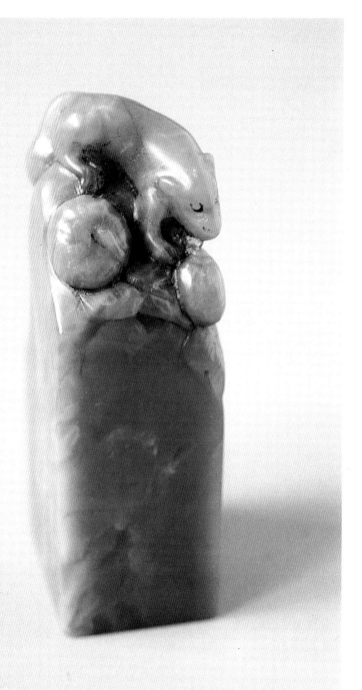

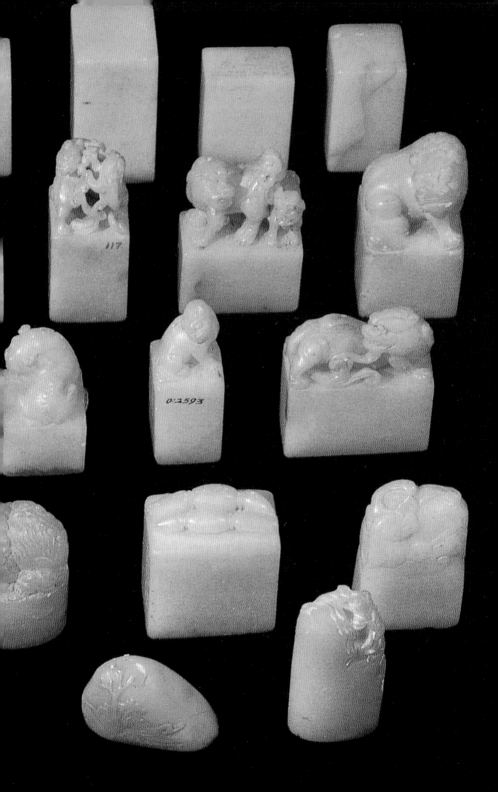

30 【芙蓉石印材】
芙蓉石有白芙蓉、黃芙蓉、紅芙蓉、芙蓉
青、上洞芙蓉、將軍洞芙蓉、芙蓉凍等數
種。《見80·81頁》

31 【白芙蓉印】

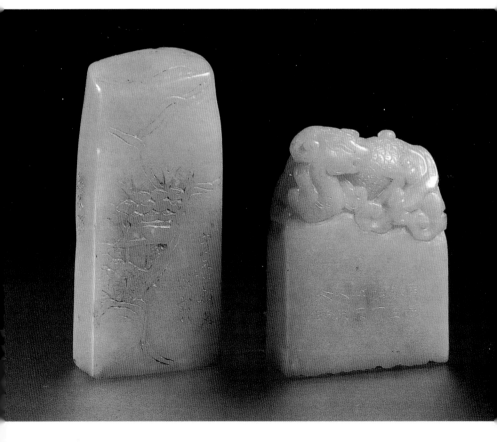

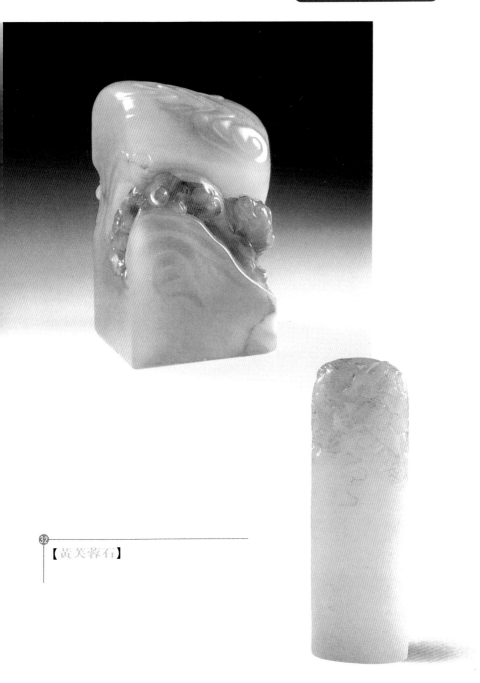

【黃芙蓉石】

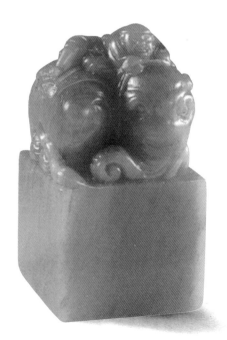

33 【紅芙蓉石】

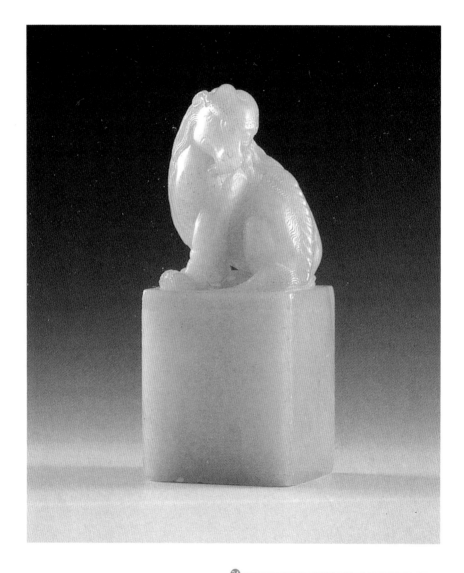

㊱
【牛山石】

【註】

❶六郎——出自典故。原爲唐武則天寵臣張昌宗（排行第六，貌美）的代稱。當時有詩說他的美：「人言六郎似蓮花，正謂蓮花似六郎。」此處意謂：牛山與芙蓉一樣美好。

【◆牛粗◆】

牛粗產自月洋鄉，呈白或黃色。地呈瓦礫狀，比牛山差些（圖‧37）。

【◆竹頭靑◆】

竹頭靑，產自月洋鄉竹頭窩內，多爲靑色，其中色帶黃者爲佳，通靈程度卻比上洞要差些。

【◆溪卵黃◆】

溪卵黃，產於月洋鄉。

當地人採集芙蓉石時，把其中的零碎殘缺之品，連同盛裝的簍，拋到溪流中。由於年代一久，它們被水衝激，隨流而下，最後成橢圓形似卵而得名。佳者色黃，純淨通靈，似黃水晶，質稍粗，但外黃內白，大概是因被水浸蝕所致。

【◆綠箬通◆】

綠箬通，產自月洋鄉巖內。通靈如凍，多爲瓦礫地。（圖‧38）

【◆都靈坑◆】

都靈坑石產自壽山鄉。都靈坑又名叫杜陵，多從洞中採掘，但是從土中採掘出來的更好。質分全透明、半透明兩種，有光澤，地潤澤，但多含沙點和白點。偶也有通靈純淨之品，其價不亞於田黃，只是性較堅硬，用刀刮，石屑翻起作微卷狀。以金黃最佳，次爲桂花黃，再次爲枇杷黃，與田石略同。剩下的如靑、紅、白、灰各色，多雜而不純。（圖‧39）

【◆尼姑寮◆】

尼姑寮石產自都靈坑附近的比丘尼墓，由此而得名。質頗潤，肌理少見蘿蔔紋，紅、黃、白、灰各色均有。透明不及都靈石，然而售者卻把它與都靈石相混，眞是碔砆❶亂玉。

山坑讚：「傍田倚洞，靜穆淵渾。文彩炳耀，剷彼雲根。乃斂鋒鍗，去鏀絕痕。微滲者次，發艷爲溫。密理堅緻，澹泊無言。沙壤雜錯，下駟❷不論」。(圖・40)

【註】
❶砥砆——次等的玉石。
❷下駟——劣等馬。

【◆迷翠寮◆】

迷翠寮石產自都靈坑頂。石質頗細膩，但瑩澈程度卻不如都靈坑石。純淨而黃的迷翠寮石似田黃。其色有淡灰、藕色、粉紅和黃中閃金點等，其色澤永久不變，頗可玩賞。(圖・41)

【◆鹿目格◆】

鹿目格石產自壽山鄉土內。以枇杷黃色最佳，多不通靈，只有一重皮包裹。如果外皮脫落，則易露醜。也有紅、黑、綠、蟹灰、米黃、軟紅、軟黃、軟白、水蛙斑各色，然而色澤純淨者極少。石質比都靈坑石稍差。(圖・42)

【◆蛇瓠◆】

蛇瓠石產於都靈坑邊，色黃如田黃者佳。也有閃金點、淡灰、白晶、淡黃各色。(圖・43)

【◆黨洋綠◆】

黨洋綠產自壽山鄉隔界十里的黨洋鄉。綠色閃通如雄鴨翅毛者佳，俗稱「鴨雄綠」。鄉人迷惑風水，公禁開鑿，致使絕產。

【◆艾綠◆】

艾綠石產自壽山鄉、月尾鄉溪邊，即月尾綠。

艾綠石，又名叫艾葉綠，質半透明，微有光澤。呈色以竹葉青最佳，但時間一久就漸漸變動，有的呈玉白色，也不錯。石質半潤，色澤不變，其中綴飾黃紋者較次。

洞產分爲三種，一是紫中微現綠；一是綠多微閃紫，一是綠紫相間。均以純潔爲佳。(圖・44)

【◆高山◆】

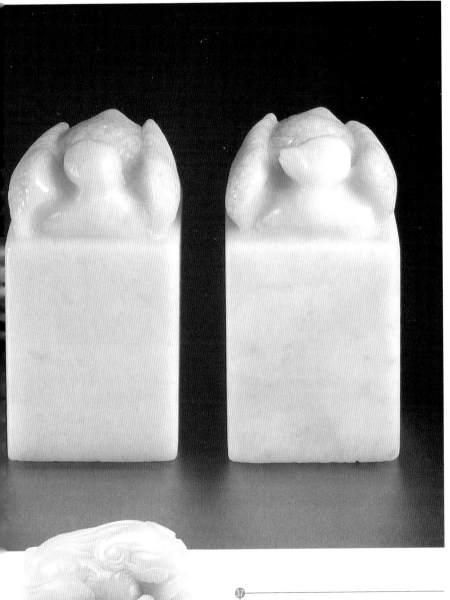

③7 【牛粗石】

高山石產自高山。

高山山麓，比拱衛會城的旗山和鼓山還要高。

高山產石之多，為壽山各坑之冠。品種之多，也為壽山各坑之冠。

石質細而鬆，經夏、秋、冬則變。

石色分紅、黃、藍、白各色。（圖·47）

純黃而凍，純白而晶，純紅而透明，歷久不變者，還不到千分之一。

從土中採掘高山石，則異其名，叫做「掘高山」，其石不論是黃是白，質都溫潤，色通明。其上的蘿蔔紋比較明顯又比較細，遠在洞產之上。

高山石剛開採出來時，乾不乾，裂不裂，連石農和老石賈也難以辨認。因為有的看似不乾不裂，逾年則變乾而裂；有的看似易乾易裂，日久則自成為黃色，顯得陳舊，而又不乾不裂。如果呈黃白色，不通靈，其不變則可。如果是舊高山黃、舊高山白，說其不變也可。高山石之變不變，不在於是從土內開採，還是從洞中開採，而在於靈與不靈，新與舊的分別。

至於所謂桃花紅（圖·51）、瑪瑙紅（圖·52）、硃砂紅（圖·53），質比黃、白兩色要堅，因而「變」也不同，把玩愈靈。

其純而通澈之石，如胭脂山在夕照之中。又有天藍色石，也不如黃白色易變。更有油白、墨魚骨白等，入油則溫潤，否則燥裂，能瞬息萬變，確實使人不愉快。

## 【◆坑頭黃◆】

坑頭黃石產自坑頭洞邊土內。色黃者純淨，有的帶黑紅色。色青的坑頭黃叫做「坑頭青」（圖·54），石面中間或有蘿蔔紋，或九重粿，或細紋。

## 【◆弔筧◆】

弔筧石又名豆耿，產自弔筧山，與連江黃隔界。

弔筧石色帶淺黑、血絲紅。狀如牛角，內能相通者佳（圖·55）。純黑如煨烏楚石，中拖紅根者稍次（圖·56）。與虎皮石相似者，又次一等。石面多蝨卵、瓦礫地者，最下。

## 【◆雞角嶺◆】

38 【綠箸通】

39

【都靈石】

雞角嶺石產自連江黃隔界。石面通靈者佳。像高山石一樣，各種色澤都有（圖·57）。

【◆九荼巖◆】

九荼巖石產自本山。微透明，白而靈，黃而純者少，花紅者多。也有灰、白、黑、褐各色，間有檳榔紋。或許以餓虎巖出產的九荼巖爲佳，純者無砂點，秋冬風日高燥，易裂。

【◆鵝卵黃◆】

鵝卵黃石產自溪土之中。

鵝卵黃又叫做牛蛋，呈色有籐黃等各種雜色。質粗不透明。多有皮，內面或呈黃色，或爲紅色，白者少。（圖·58）

【◆虎皮凍◆】

虎皮凍石產於連江黃交界。有的爲黃褐色，有的爲灰色，有的爲白色，有的爲黑色。質不透明。（圖·59）

【◆老　嶺◆】

老嶺石產於壽山西本嶺。微透明，有虎嘴紋，間以綠凍、黃凍爲佳，別名叫做「老嶺通」，其純淨而靈，如春郊拾翠，能使人沁入詩牌，但罕而不易得。其粗者最多。估計客商手中的「老嶺石」，十分之八九爲粗石（參見本公司出版李英豪著「保值田黃與印石」多例）。

【◆豆靑綠◆】

豆靑綠產於壽山。色以豆靑爲最，不靈通。色帶紅黃紋者，則比豆靑差得遠。

【◆栲栳山◆】

栲栳山石產於壽山鄉正面本山，多帶各種奇斑色，質粗。

【◆水蓮花◆】

水蓮花石產於旗山。分白、灰、紅三色，均以通靈純淨者爲佳。

【◆蘆音◆】

蘆音石產自壽山鄉。色黃，通明如

④

【尼姑寮石】

田黃石者佳，有的也呈淡灰、淡黃、淡黑和白色。

【◆月尾紫◆】

月尾紫石產自都靈坑對面山，呈色多爲豬肝紫，質不透明，純淨無砂者佳，帶花斑的則次一等。(圖·46)

【◆奇　艮◆】

奇艮石產於壽山鄉北本山。半透明有光澤。質本黃白，以火煨，黃者變紅，白者如硃。(圖·60)

呈色以珊瑚色最多，次爲橘皮紅，也有粉紅、粉白以及紅黃界白等色。

【◆碓下黃◆】

碓下黃產自鹿目格下。色多蜜黃，次爲褐黃。石地不靈通。也有黑、白、蕉黃等色。地紋比連江黃較細。

【◆白水黃◆】

白水黃產自高山前。純黃者佳，有的呈白色或帶青傷痕色。質不通靈。石面上有九重粿細紋。(圖·65)

【◆連江黃◆】

連江黃石產自連江縣境。多爲田黃色，和黃白、青傷痕色。石地乾燥，有粗九重粿紋和餓虎砂粒。(圖·66)

【◆金獅峰◆】

金獅峰石產自月尾紫對面山。色黃似田黃者佳。質稍粗，無紋，多帶黑點。

【◆凍油◆】

凍油石產自坑頭。色呈淡灰色，半透明如凍油蠟。也有的是青傷痕色，多黑點，皮或呈微黃。

【◆雞母窩◆】

雞母窩石產自壽山。質粗。多爲黃色，紅白次之。(圖·67)

【◆果洞◆】

果洞石產自旗山。色黃如鵝卵，有的帶灰色和豆青色。質粗，砂最多。

【◆馬頭艮◆】

**41**
【迷翠寮石】

**42**
【鹿目田石】

**43**
【蛇瓟石】

蛇瓟石與杜陵、迷翠寮、尼姑寮並稱四姊
妹石。石質較杜陵石細嫩，產量極少，色
黃白相混，少數為灰白、紅色。

馬頭艮產自旗山。色黃如鵝卵者，頗足觀。有的帶灰色和豆青色，質粗，砂最多。(圖・68)

【◆野竹桁◆】

野竹桁石產自壽山。質粗，有白、黃、灰三色，佳石少。

【◆山井籟◆】

山井籟石產自壽山。多為黃色，也有呈紅、白、雜色和弔筧黑等色。質粗。(圖・69)

【◆飯洞巖◆】

飯洞巖石產自壽山。其石與野竹桁石、果洞石、雞母窩石、水蓮花石相貼近，質都粗。有黃、白、紅、灰、淡黃各色。中多砂。

【◆松坂嶺◆】

松坂嶺石產自壽山北，色最佳者呈馬肉紅，也有是豆青帶紅黃色的，質粗。(圖・70)

【◆柳坪紫◆】

柳坪紫石產自壽山北十里柳坪鄉。色呈暗紫，不透明。佳者純嫩。質粗而有點者居次。(圖・71)

【◆三界黃◆】

三界黃產自旗山。色呈軟黃為佳。多紅、黃、白三色相界，並由此得名。

【◆大洞黃◆】

大洞黃石產自旗山。色呈軟黃，狀如鵝卵者佳。(圖・72)

【◆寺坪石◆】

壽山廣應寺，僧人頗多。相傳這些僧人是發明壽山石的先河。當時，礦產多，而採掘者少。寺僧可以採取，也允許攜帶，但不能據為私有。僧人除了把它用作念珠外，其餘都拋棄在寺內或寺的前後左右。盡管它們是昔日的唾餘，但到今天卻成為佳品。

明代洪武年間，寺燬。寺內及其周圍的壽山石埋入土中。石農從故址中開掘，隨時隨地都能找到。人們把這

類石叫做寺坪石。年代一久，火冷煙消，存留一種溫潤古樸之氣，是其它地區的壽山石，難以同日可語的。

福建省各縣產石，易同壽山石相混的名品附下。

【◆閩清石◆】

閩清石產於閩清縣。又名圖書石，最下品。各色均有。質粗。有一種綠嫩的清明粿的閩清石，尚可入目。

【◆延平石◆】

延平石產於延平縣。其中佳者類似封門青，但價格低。

【◆古田石◆】

古田石產自古田縣。呈色不一，質粗。

【◆永福石◆】

永福石產於永福縣（今名永泰）。純淨全透明。色黃，有的爲白色。石面有瓜瓤紋。質粗，難受刀。琢磨不能光潔，所以人多賤視。

他省產石，可同壽山石匹敵，又容易同壽山石相混之品，列述如下。

【◆昌化◆】

昌化石產於浙江昌化縣。呈色以全紅如滴的爲多，其次爲肉糕地、潑江。（圖·73）

昌化石又名雞血紅。也有呈黝白色和黝紅色。僞品係用白毛土、雜洋灰和洋紅混合製成，堅硬，刀不能入。

**㊹【艾綠石】**

又名月尾石，有月尾艾葉綠、月尾晶、月尾凍、月尾綠、月尾紫等多種。

(圖·74)

**【◆楚石◆】**

楚石產自湖南。色黑如漆者佳，不通靈。量比其它石重。有的呈粉綠，味鹹爲其特性。近無生產。(圖·87)

**【◆封門石◆】**

封門石產自浙江省封門縣。青色微黃，質堅，靈通純淨者佳，價高。近無生產。(圖·88)

**【◆青田◆】**

青田石產自浙江青田縣。

《方山縣誌》載：「縣南有個圖書洞，出石如玉，柔而栗」，其佳妙可知。

青田石有五種色澤，其中純而微黑者，叫做「黑地凍」，在燈下辨認，不呈微黑，而是紅黃而全透明，所以，又叫做「燈光凍」，光澤異常，勝過壽山所產各石，剩下的以純黃者爲佳。純白的青田石，像福建的高山石，能變粗硬。(圖·89)

**【◆廣石◆】**

廣石產自廣西，呈江水色，通靈者佳。

**【◆湖廣石◆】**

湖廣石產自金山縣。石多呈白色，黃綠色少。用指甲在石面上搔，可見粉，價低。有人把它冒充成芙蓉石。

**【◆萊州石◆】**

萊州石，產於山東萊縣。石呈柒綠色，中有點，價低。

【月尾艾葉綠】

【月尾紫】

47 【高山石】
高山石品類繁多，以黃、白、紅色高山凍
石爲最優。《104‧105頁》

48 【高山黃凍石】

49 【高山白品石】

⑤【紅高山石】

⑤【桃花凍】

�52
【瑪瑙凍】

�53
【硃砂紅】

�54
【坑頭青】

⑤
【吊笕石】
又稱吊肯、豆耿。

⑥
【吊板黑石】

⑦
【雞角嶺石】

【鵝卵黃石】

又名旗降石、奇崗石,有紅、白、黃、紫、
彩虹、金銀旗降等多種。

61 【黃旗降】

62 【紅旗降】

63 【白旗降】

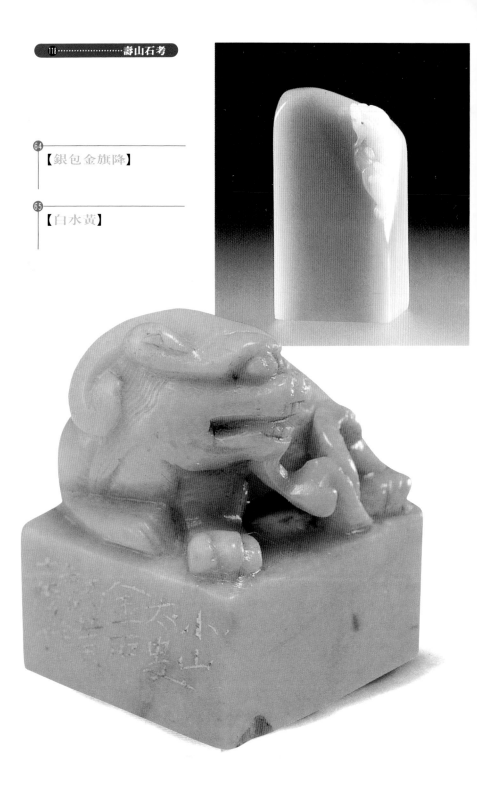

66 【連江黄】

67 【雞母窩石】

68 【馬頭艮石】

⑦ 【大洞黃石】

⑦ 【昌化石】　　　　　　　　楊思勝藏

優美的昌化石，全紅如滴。

74 【昌化石】

主要品種有黃、白昌化，三、
五色、多色昌化及昌化根石。

⑦⑤ 【三色昌化石】

⑦⑥ 【五色昌化石】

**⑦⑦**

【昌化雞血石】

昌化石中以含硫化汞形成紅斑爲特色。雞
血以紅色鮮純，聚集面積大，紅斑深入肌
理爲珍品。

78
【「萬紫千紅」昌化水坑石】駱三民藏

雞血石雕「萬紫千紅」係用昌化水坑，牛角
地雞血石雕刻，此石質純通靈，溫潤晶瑩
血面分布廣，血色鮮紅自然，有流動感且
深入石質肌理之中，底部為牛角凍。作品
選型優美，雖雕工不多，但作者根據此石

的血面造形，進行了巧妙的構思。在雞血
部分以簡練的手法，突出了「萬紫千紅」的
壯觀場面。配套採用巴林凍石，雕刻「九龍
爭珠」頗得天趣。

79
【鶴頂紅雞血石】

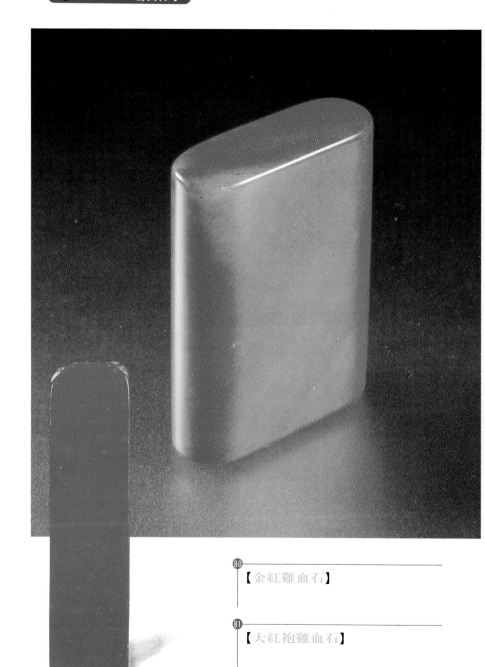

⑧
【金紅雞血石】

⑧
【大紅袍雞血石】

【花斑地雞血石】
底色以黃白黑三色形成花斑，被稱爲「劉關
張」桃園結義雞血石。

83
【老坑雞血石】
品評雞血石還重視地色，以石質細潤，石色與雞血紅對比強烈的藕粉地、豆青地、白玉地為佳石。此外還有牛角地、玻璃地、肉粽地、花斑地等。

84
【藕粉地雞血石】　　　楊思勝

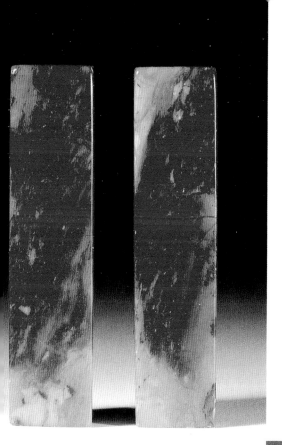

【牛角地雞血石】　　　　　楊思勝藏　　　85

【白玉地雞血石】　　86

【楚石】

88 【封門石】

爲青田石的一種，有封門青、冰紋封門青、
封門凍等品種。

89

【古吉田】

90
【燈光凍】

【醬油青田】

【蘭花青田】

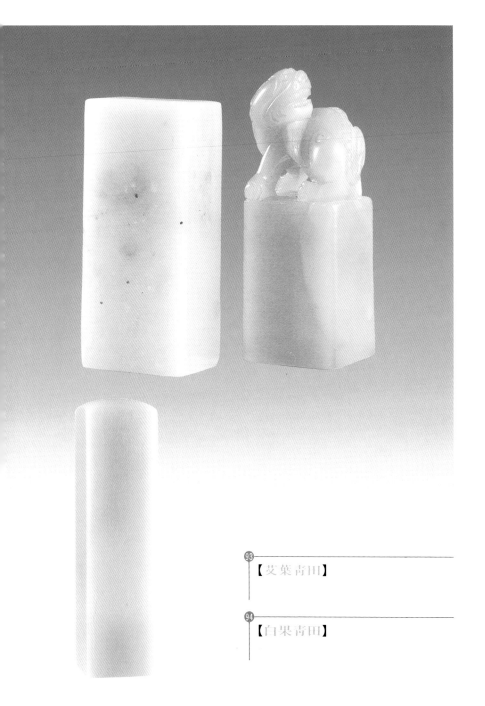

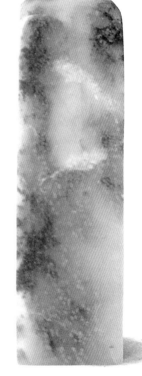

**95**【五彩凍青田】

**96**【蘭花釘青田】

**97**【周青凍青田】

其精嚴森秀繪授書畫其
扁冊畫十九為海色上品
今人春二日贈其師記
之在世步水圖在偏冨

【松皮凍 青田】

陸

雕
鈕

【◆獸鈕◆】

古代印鈕，最初用金、玉、銅製成。象形印鈕多用獸類，如秦璽的玉螭虎鈕；漢官儀諸侯王的黃棗駝鈕；二千石❶和蠻夷率善仟長的銅印龜鈕等。

這類獸形印鈕，實際上是沿用周代的虎節、人節、龍節❷的象形法。因爲山多虎，平地多人，澤多龍，所以，把它們的形象，鑄塑在信物上面。（圖·99）

【◆印鈕區別身分◆】

《說文》：「鈕，印鼻」。

古文，籀文❸中的「鈕」字，均從「玉」。

印鈕，供穿繩用，以便掛在肘上，佩帶在身上。

至魏晉時期，依舊以印表彰武官，區別官階，因而鈕的形狀不一。有的僅作單鈕，有的爲子母雙鈕，猛壯有力，向背其勢，世稱「獸鈕」。

鈕的形狀，或以麒麟，或以狻猊，或成辟邪，或成兕牛，或成犬，或似馬。

有的把印鈕作爲「鈎鈕」，或「覆斗鈕」，或「鼻鈕」，或「穿鈕」，或「台鈕」，或「繩鈕」。

古代雖有平鈕，但無論是數量還是質量都不如「獸鈕」。至於錢泉鈕、古瓦鈕、連環鈕，就更差一等了。（圖·100）

【◆近代雕鈕◆】

近代以人物、山水、亭榭、雲月、魚、鳥爲鈕，只宜薄意。所謂「薄意」，是指「刻意」雕琢，用以代鈕。這類鈕，距離古代印鈕太遠。（圖·101）

【◆製鈕名匠楊璿◆】

佳美的獸鈕，多古爛。觸手摩挲，時間一久，都無圭角而成圓形。

我們福建鈕工最著名，他們以此爲業，仿古製鈕。

清代康熙年間有位製鈕名家叫做楊璇玉，又叫楊璿，漳浦人。《閩小紀》在「絕技」一節內，刊載了此人及其業績。他能製成一分多至兩分薄的準提像❹。《篆刻鍼度》稱其爲「閩中名

【印鈕】

【印鈕制式線描圖】

橋紐

直紐

環紐　辟邪紐

台紐

三台紐

提梁紐　龜紐　亭紐

二台紐

鼻紐

【薄意雕刻】

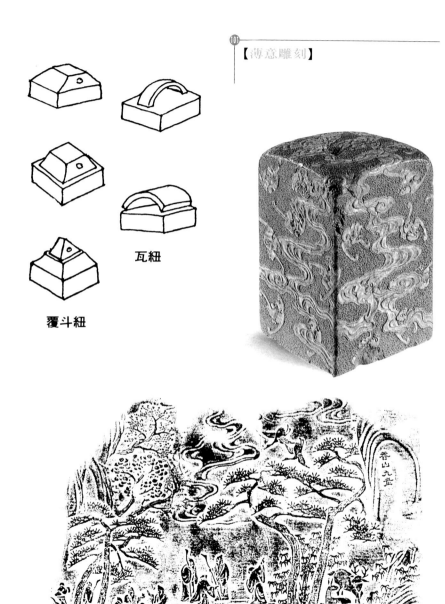

瓦紐

覆斗紐

手」。

朱竹垞賦詩讚頌：「是時楊老善雕琢，鈕壓羊馬礜麠麠❺」。

《觀石錄》載：「楊璿作孤鈕」，又「楊璿作鈕八九，韓馬戴牛包虎」。

《後觀石錄》說：「一艾葉綠螭鈕，一葡萄瓜鈕，俱爲純灰色。獨取其白色，略滲點微紅爲枝葉。葉中蠹蝕處，各帶紅黃色，淺深相接，雖然交藤接葉，但仍顯穿洞四達。楊鈕近來極其難得」。

福州林筱舟藏田石一方，上面有三隻雌虎爲鈕，屬楊璿遺製，款爲陰文行書。

又在某處見到楊璿刻製的白衣大士像一尊，高約四寸。這件製品，不僅鈕工整，而且兼施花卉。

【◆雕鈕高手周尚均◆】

雕琢佛像名工，還有周彬（又名尚均）。此人爲康熙朝御工。所製與楊璿不相上下。有人說，周尚均多作博古雙平頭鈕，並不專注獸鈕。署款用八分書。也作花卉雕刻，不過刻鏤很深，因摻入製鈕刀法。

《閩中錄》也說：「鈕，多出於楊璿、周尚均二家所製」。(圖·102)

【◆其他製鈕名家◆】

製鈕名家還有一位叫做滄門，不知何時人，署款爲八分書。

雍正年間有位製鈕高手叫做奕天。乾隆年間，福州居妙巷有一位名爲「鑑」的製鈕名工。「奕天」和「鑑」二人，其姓不可考。

光緒年間的林玉茂、林玄珠，都致力於獸鈕的雕製，所製不勒款。

【◆製鈕法則◆】

古代製鈕，多樸拙，今天反而靈巧。這是因爲石工對於非常佳美之石，爲避免損傷其美，多不製鈕。在形制不佳時，才迫不得已製鈕以掩瑕。如果頂部嶔崎高峻，不宜削平，無緣無故把它雕鑿削掉，豈不令觀者痛惜！

在鈕旁，以陰紋雕飾邊緣來仿古；或者石材四方上下六面平坦，非常利於雕琢，然而工匠技術欠佳，雕琢時

使石材沿紋理裂散，結果，由於庸工不善雕刻，終於損傷材質，使美石的主人抱石而泣，棄擲或埋沒於山下。

良工製石，因才施宜，修短合度。圓頭，宜琢獸鈕；平頭宜雕博古鈕；天然生成各種形狀之石，多不製鈕，這是製鈕的基本法則。

### 【◆刻石名家林清卿◆】

我個人認爲，今天的製鈕名家，以侯官林清卿最著名。林清卿向我說：「刻石以花卉最難，妙在善配巧色石」。

在楊璿和周尙均之外，就以林清卿能獨出心裁。林氏雕刻花卉，細到枝葉絡脈，花靨蕊鬚，都一一勾勒，渲染生動，如天然自成。即使幾塊石頭刻成一幅組畫，也是氣體一貫，累銖無差。

林清卿的石刻山水，用寫意技法，取其神遠。表現米家的潑墨，維摩詰的畫中有詩，沒有任何人能超出其右。

林清卿的人物石刻，透剔爲精。他曾在拇指大的一塊白水晶上，刻《紅樓夢》「四美釣游魚圖」，圖中李紈、探春、李綺、邢岫煙四人垂釣欲下，寶玉衣襟上的絲髮痕依稀可辨，至於圖中的亭榭，玲瓏工巧，鬼斧神工，尤爲僅見。這幅石刻圖，用了五六天才完工。

南浦名畫家熊聲遠見到這幅石刻，讚頌不絕，認爲鐵筆畫石，不是我們毛筆畫紙所能企及。眞是石以畫傳。

最近，林清卿爲人在硯背上，鐫李易安小像，也清婉有致。

過去，吳門顧二娘能用鞋尖試石，其丈夫豈能同工異曲。

林清卿居住在侯官西關外，茅屋幾椽，淡然自食其力，老健謙仰，不以其技自誇，所作不刻款，但懂行者卻能辨別出來。

林清卿在清初學畫不成，棄而攻石造詣驚人，其成就超過紙絹畫家。我非常愛好林清卿的石刻，曾經打算爲他作傳。現簡略記述於此。(圖‧103)

### 【◆古代石刻◆】

【周尚均制鈕】

**【林清卿薄意雕刻】**

考漢代石刻，如孝堂山祠、武梁祠石畫像，作古帝王、刺客、列女獨行傳。也有車馬紛錯，不知何適。鳥獸上下，莫辨何名。古長安宮闕，南北朝寺觀，敦煌的磚瓦，壁柱石刻更多。

**【◆壽山石刻◆】**

壽山石刻，精者能狀古人物，如李太白「春夜宴桃李園」，蘇東坡「赤壁泛舟」，香山九老，竹林七賢，靖節桃源，龍眠羅漢等圖，真是慘淡經營！

石工遇到水裂紋多作山石樹枝，頂部刻作峭壁。如果遇到稍帶微瑕的壽山石，上面多刻作雲縷，或作草蟲棲其一端，均屬隨材施刻。

近有人在京師得到一件壽山石刻，畫面山石崎嶇，樹木茂密，有屋有亭。一位茶博士竚立其中，一位詩客驅趕三馱登山。舟中二人對立，作問訊狀。

一輪朝日，從山後升起。畫面題為：「如日之升」，下刻「汪洙」二字。皴法高古，石質溫潤，刻工很細。

壽山石刻，間有充當硯材，雕鏤佛像，美飾古器物，但並不玲瓏精緻。

在我看來，壽山石刻足以繼漢、魏晉六朝的大型石刻。至於古代小件石刻，則在壽山石刻之下。（圖·104）

**【註】**

❶二千石——漢代內自九卿郎將，外至郡守尉的俸祿等級，都是二千石。

❷龍節——節，符節。古時使臣執以示信之物。龍節，符節製成龍狀。

❸籀文——古代一種書體，即大篆。

❹準提像——準提，佛教中的菩薩名。密宗蓮華部六觀音之一。

❺羆麚麠——羆，羆。麚，牡鹿。麠，熊虎之子中絕有力之獸。

【壽山石刻】

## 【◆山富石美◆】

工居六職之一❶，石屬於工。

八音之中，匏、土、革、木並奏，而石只用於磬❷。

陶人、冶氏❸相望，而雕人則在其之刻劃紋飾。

燕函夫人能製粵鏄❹。閩越以擅長鑄劍而聞名。

山富石美，寧非五材。

人廣印製，寧非國工。

《考工記》列「設色之工」五目，即畫、繢、刮、摩、雕。雖然不講「石」而說「玉」，怎麼知道其中沒有「石」呢？因為在「玉」、「石」之間，看他們審曲面勢，無異於飭材辨器，而且又實合設色刮摩為一，可知琢玉而為器，解石則為印啊！

《毛詩》、《爾雅》釋器，都把治石稱為「磨」，而不說「解」。

在古代，美石，如琇、瑩、瓊、琚之類，外觀似玉，多用來美飾器物。所以他們的字形從「玉」。《說文》：「琢，治玉」。段註：「琢，指鐫鏨之事理，即分析事理。琢，磨石的象聲，意為磨得細細有聲」。

## 【◆解石◆】

「解」，本義為「判」，從刀。「判」，剖開牛角。加工石材時用鋸。要使石材附固，行鋸時須迴避石面的裂痕。要把石材鋸成小塊，必須按照石面紋理行鋸。要使石材精瑩必須去掉粗滓。以鋸子按照墨繩痕快速進行，則會發熱，遲澀緩慢又不利於工作。這時要慢慢注水引鋸，所謂「水解如刀」……解石，用鋸。削石，用鏟。突兀散置，則無法取其神。

《觀石錄》載：「石，有絡，有水痕，有沙隔。先相其理。其次，測其絡；避水痕；鑿沙隔，以解石」。又載：「每解一石，摩肩圍繞，心目共注，幸得妙治，傳觀閨閣，交手喜妬」。

大概石農採石，一般都不對石材進行加工就售給石主。解石之家或古董市場的石商，得到這種原始石材後，就度勢相形，解之成塊，即人們講的「取材」。取材，以高、方、大為上，那些瑣屑不中用的碎石則丟棄。所謂

「解石盈擔，佳者偶得一二」。

觀璞更難。凡石之精者，必定結於沙隔旁。沙隔愈多，則愈精靈。鑿去沙隔，取其紋理剖視，兢兢業業，惟恐瑕疵在其內。因為裡面的瑕疵如果存留在一邊或外表，才易琢去。雖然瑕疵不過在毫釐之間，但要完全去掉它，卻要花費很大精力。

石材被「解」之後，必須用旗山下出產的那種粗如礦❺的磚塊來「磋」。然後再用那種細如砥❻的南京磚（又叫做金閶官磚）來磨。再行配工製鈕，繼而用木賊草擦，以退盡石上的刻劃痕。接著用冬稻乾莖細細的磋。⋯⋯最後用洋肝石粉（即光粉）黏其罅隙，才事畢。

## 【◆選石◆】

選石，在於「才」與「色」。蓄石，在於「玩」與「養」。

舊石，須知怎樣「玩」。新石，須知怎樣「養」。

賦性綿密之石不可損傷出現微痕。

通體光潤之石，不能沾上纖塵。

燥渴之石，防其裂脆。

嫩石，防碎。

## 【◆養石◆】

惟獨那種晶瑩絕頂，猶如西子不施脂粉而意態淑真之石，格外動人。

雖然像「東隣」美女那樣，不堪浸淫，但是晦澀絕頂終不能以醜易好。

田黃尤其適宜於手中把玩；如果把它放在鼻頭上擦，其光可鑑；有的人則把它藏在夾袋內，使其受人氣溫，暖如燕玉，時間愈久，其色愈佳，所以，田黃不厭其玩。

芙蓉石，好潔忌污。

今人常把新高山石浸上茶油或落花生油後，盛置在古磁盆內面，因為其易壞，而加意防護。初浸一二次，尚不顯得透脫，但累月積年，就有反應。

例如白色、純晶黃、純熟紅霞如綺、蒼翠如竹新沐等舊石，浸的時間一長表裡就全透。如果未透，則慎毋取出，因為一旦取出，雖能光潤一時，最後還是漸復原觀，甚至變本加厲，乾澀礙目。

艾綠、蛇瓠、凍油、竹頭窩、弔筧、連江黃皆吃油。但是過於堅硬粗糙的石品則無須浸油。黃任詩云：「吾之所寶在求舊，元氣貫注同甄陶。蓋其肌理久逾膩，其色絢爛其光韜，今之發硎即瓦裂，非不愛好旋訾謷❼」。

由此可知，對於壽山美石，先觀賞，再延之雅室，升之棐几。親而不侮，敬而不覿，焚香掃地，以致其幽，品茗賦詩，而博其趣。手之所觸，以心交。目所不到，以神遊，這才算是真正懂得壽山石的奧妙。

壽山美石，為清虛無上妙品。倘遭鬼物揶揄，俗客詬訾，豈不要慨嘆「不遇明主」？怎麼能安心居此為終！

智者對待壽山石，懂得禮遇以待。傑出的智者則懂得「養石如養士」，才能盡其才啊！

【註】

❶ 工居六職之一——《周禮·考工記》載，在商周時期，「百工」為國家機構六職之一。

❷ 八音之中，匏、土、革、木並奏，而石只用於磬——古代稱金、石、絲、竹、匏、土、革、木為八音。金為鐘，石為磬，琴瑟為絲，簫管為竹，笙竽為匏，塤為土，鼓為革，柷敔為木。

❸ 陶人、冶氏——陶人，燒造陶器。冶氏，鑄造青銅器。

❹ 鎛——頂部作編環鈕或伏獸形的平口鐘。

❺ 礪——粗磨刀石。

❻ 砥——細磨刀石。

❼ 訾謷——詆毀。

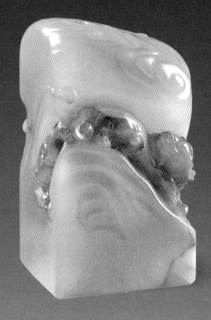

## 【◆名石辨異◆】

石色純者，往往相似，而石質卻不同，因此需要予以辨異。

以田黃美石來說，都靈坑、迷翠寮、高山黃、鹿目格、蘆音、金獅峰等佳石，與田黃近似。上坂與碓下坂出的田黃，石質相近。但是，下坂出的田黃石質黑，上坂出的田黃質粗，中坂出的田黃石質最嫩。純者均去皮。

黃白二色的高山晶，石質相似。

黃水晶、白水晶、水晶凍，質堅。高山晶石質略鬆。

用掘法採掘出來的高山石，間有蘿蔔紋。

上洞出的佳美高山石，似芙蓉石，然而石面不夠乾淨。

湖廣白似芙蓉石，但色帶澀，質極鬆，用指甲搔，即落粉。

出自溪土中的牛蛋（又稱鵝卵黃），與芙蓉石性相近。

鹿目格石，似都靈坑石。

都靈坑石，質結透明帶晶。

灰黑色的高山石，略似天藍凍。天藍凍石，質晶潔。

鹿目格石，與迷翠寮相近，石質鬆。

豆青石與黛洋綠相近，但帶澀。黛洋綠卻比豆青石晶靈。

竹頭窩石、老嶺綠石，同艾綠石接近，但顯得粗。艾綠石既嫩又明亮。

弔筧石與牛角石相近，但質鬆帶黑紋。牛角石則有蘿蔔紋。

柳坪紫與月尾紫相近，但質粗。佳美的月尾紫石，非常嫩。

焚紅的老嶺石，似奇艮石。體量輕，刀入發聲。奇艮石極嫩。

蛇瓠、蘆音、迷翠寮、鹿目格四種名石，容易相混。

淡灰色的蛇瓠，與淡灰色的迷翠寮石相似，然而石質鬆結程度不同。

碓下石與連江黃石近似，但碓下帶有類似蟲卵紋那樣的白點，而連江黃石面上的白點卻較粗。

金獅峰石與蛇瓠石、迷翠寮石、蘆音石、鹿目格石，往往相混淆。

豆青石與竹頭窩石近似，但不如竹頭窩石那樣靈脫。

鹿目格石與坑頭黃石近似，然而坑頭黃石質結。

煨烏似豆耿，帶白點，似白水石所煮而致。

九茶巖石和粗高山石，與雞角嶺石相似。

雞角嶺石與高山石更容易相混，雞角嶺石多為凝白色，性鬆；質鬆的高山石也是這樣。

野竹桁出的佳石，與高山石近似，各色均有。

松坂嶺出的佳石，像都靈石，但粗品卻帶針砂。

煨烏、豆耿石與楚石接近。

楚石呈粉綠色，味鹹。

青田凍與萊州石相近。

帶白魚鱗點的萊州石，質鬆。

青田石中佳美通靈品，不亞於田黃石。

廣石與萊州石接近，又與玉皮中的佳品相似，也與青田、封門石相像。

青田石極嫩。

【◆新舊石辨◆】

新石與舊石的區別，大致如下。

新石易裂，其色新，其油厚，也有

浸油時間長，而漸透旁面和底面。

舊石色古而光樸。

對於新石與舊石的區分，如果不多藏多看，那就不能察看出纖微之異。

舊石藏品今不可多得，其價與珠玉等值。其中難覓的名品價格還要高。

【◆美石貌狀◆】

各種名石，難於摹擬。如田黃石中的金黃，製成黃琮，用於祭祀，乃是一代真王。

田黃中的桂花黃，在夜幕寧靜的木樨地，能聞到微微的香氣。

枇杷黃、盧橘石，經過夏天，肌理密甜。

橘皮黃、橘凍石，經過冬天後，皮光可洞。

黃水晶石在木葉初脫的秋冬季節，其狀猶似洞庭始波。

白水晶髣髴凌波仙子，羅襪生塵。

鱔草凍似二八佳人用貓睛石壓鬢。

牛角凍石，暑天黛海，日不敢驕。

環凍石如西施之顰，息嬀❶ 不語。

純淨的高山晶石，不亞於肌膚若冰

雪，綽約似處子的藐姑仙子。

天藍凍石，微雲淡河漢。

芙蓉石，大類拒霜花。詩人把芙蓉讚美爲：「初日」、「初曉」，因爲其可愛之處，並不限於李白所吟：「天然去雕飾」，當它對日映照時倍襯其白，初曉猶明，皎潔足辨。

半山石中的佳品，欲白仍紅，疑是斜陽柳絮。

迷翠寮石，霏霏霧雨，大有雪意。

奇絳，色深如霜。橙新者如秋楓。

月尾紫石，如辛夷花，微澀微潤。

月尾綠石則似芭蕉經雨新剝，重重又作葉呈碧色的玉簪。

高山石，白而晶，紅而艷，用王荆公所詠「崇桃兮，炫晝；積李兮，縞夜」二語，可以移贈。

硃砂紅石，濃粧灼若，淡者如婦人染指甲，指指作落花流水。

桃花凍，並非醉楊妃，嬌而無力，而是桃花人面含笑春風。其白而帶靈者，但作梨花溶溶月明院落，花光四射。非「溶溶」二字，不足狀其貌。

白色的蘆音石，蒹葭❷蘸水。

蛇瓠石，灑金噴玉。

鴨雄綠石，萬綠叢中，不通一線。

溪卵黃石，花黃貼額，秋波盈盈，作微睇❸狀。

豆青石，豆苗經雨，細翠迎人。又如青果雙尖，回甘足味。

艾綠石，平原春半，艾葉初生。

竹頭窩石，竹梢纖纖，綠帶微黃。

綠箬通石，猶似剛熟的綠葡萄，顆顆懸於棚下。

老嶺石，冒曉踏青，茸茸露草。

馬頭艮石，夏山如滴，翠接馬頭。

都靈坑石，如清淡學士，時見機智。

尼姑寮石，黃絁❹入道，悟淨塵心。

鹿目格石，水月鏡花，別有妙趣。

碓下黃和連江黃石，苟無條紋，曼衍偏斜；舉止爲莊，紅娘也如願。

大洞黃、白水黃石，文理庚庚，無由自鳴，置之於材不材之間可乎？

凍油石，如水研淡墨。察弔笧石，則濃至非如。

煨烏石，餙其外，戕其中。

松坂嶺石，青葱如小松綴崇嶺。

柳坪紫石，髠柳留皮，作寒紫色。

鵝卵石，春江水暖，黃肖鴨頭。

虎皮凍石，虎皮斑斑。

三界黃石，紅白相界，三色截然。

九茶巖、雞角嶺、栲栳、山井籟等石，廉厲奇橫。

水蓮花、雞母窩、果洞、野竹桁、飯洞巖石，晦黯渴枯，雷雨所擊，風日所曝，斧弓所厄，遍地都是不才物。

【註】

❶息嬀——春秋時，息侯的夫人。楚文王滅息，以息嬀歸，生堵敖和成王。傳說息嬀以國亡夫死之痛，與文王不通言語。

❷蒹葭——蘆葦。

❸睇——斜視，流盼。

❹黃絁——黃色的粗綢。

徵

故

## 【◆古人偏於碑碣◆】

古人偏於碑碣，而忽略印章。

歐陽修《集古錄》中，未載秦漢之印。趙明誠《金石錄》，雖並不限於鐘鼎之文，然而也不見古代印存。

## 【◆印譜編撰，始於宋宣和◆】

嗜好印章之人，編撰印譜，肇始於宋代宣和年間。

篆刻藝術家，編撰印章史，見於子昂（趙孟頫），其間治印，有書傳燈。

周亮工創《印人傳》，汪啓淑編《印人傳續》。

對於這些，歐陽修《集古錄》和趙明誠《金石錄》，均未記載。

## 【◆壽山石與印，始合而一◆】

高兆、毛奇齡作《觀石錄》，然後壽山石與印章才開始合而爲一。這是周亮工和汪啓淑著述中沒有提及的。盡管是《觀石錄》，還算不上研討壽山石的專著。

## 【◆研討壽山石與印章的著述◆】

對於探討壽山石與印章藝術，間或稍有資考證的志書，如宋梁克家《淳熙三山志》，開始列述壽山石；祝穆《方輿勝覽》於「福州名產」節內，首載壽山石；明黃仲昭《八閩通志》、何喬遠《閩書》、王應山《閩都記》；清徐景熹《福州府志》、魏杰《九峰志》，山川記述頗詳，而忽略名石。陳衍《福建新通志》把壽山石劃入於物產。

雜著如明徐𤊹《竹窗雜錄》、謝在杭《遊壽山記》、清徐祚永《閩遊詩話》、陳雲程《閩中摭聞》、施鴻保《閩雜記》、王士禎《香祖筆記》、陳克恕《篆刻鍼度》，皆偶爾涉及壽山石。鄭杰《閩中錄》把壽山石列入石譜。郭柏蒼《閩產錄異》，把壽山石劃歸貨屬。

稍別品目，絓陋❶ 殊多。例如高毛二錄❷ 和卞鎏《壽山石記》，又偏於壽山石的外觀形容。

見諸詩歌描述，如宋黃幹《勉齋集·遊壽山寺》七絕一首；明謝肇淛《小草齋集》；徐𤊹《幔亭集》；陳鳴鶴《泡

菴詩選・遊壽山寺》七律各一首；朱彝尊《曝書亭集》；查慎行《敬業堂集・壽山石》七古各一首；黃任《秋江集》七古七律各一首。囿於所見，揄揚比擬，未盡未洽。

近人梁津《礦務誌略》、章鴻釗《石雅》、陳文濤《民生地理誌》、杜其堡《地質礦物學大辭典》，把壽山石列入礦石類。其間聞見異詞，不無舛誤❸。

## 【◆田坑為上◆】

《福州府志》載：「石以田坑為上，水坑次之，山坑又次一等」。此說合乎實際。

田坑，推田黃為冕旒❹。

《敬業堂集註》：「石產田中者佳」。

《閩產錄異》：「田石無根而璞，因為地氣挾土力所結，所以隆冬酷寒不泐❺。」

《閩中錄》：「以白田石為最」；又說：「田石均有紅筋，它石卻無」。以紅筋作為田石之美的象徵，這怎麼行呢？而且「黃」為「田石」的正色，田黃尤當石中王。

## 【◆艾綠與月尾紫◆】

謝在杭《遊壽山記》把艾葉綠石推崇為第一，而沒有道及田黃石。《閩遊詩話》、《閩都記》，也持同樣看法。

艾綠石的翠潤固然是其特點，然而石質卻不如田石溫密，而且不耐玩，年代一久，漸漸變為黝色或焦黃色。

《三山志》載：「花石坑隔壽山十多里，產紅石、淺黃石、紫石，惟獨艾綠石難得。」似乎把艾綠石視為花石坑的產物。

《閩雜記》載：「花石坑距壽山約一里多路，產石均五色。水坑以綠石為貴」。此處指的綠石，即艾葉綠。

《榕郡名勝輯要》：「花石坑距壽山五里」。

《九峰志》：「山中有洞，寬僅三丈餘。此洞乃是前人開鑿五色文石製印章而形成。出產的紫色石和綠色石，與花石坑的產品相近」。其洞當在艾綠洞與月尾紫之間。

《閩產錄異》：「以艾綠，可知有石

綠」，但不知其何據？或許文中的「石綠」爲「月尾綠」之誤吧？

### 【◆魚腦凍，光潔可愛◆】

《閩遊詩話》：「列水洞以魚腦凍爲貴」。然而，它不知黃水晶之妙。

《篆刻鍼度》載：「黃色凍，類似蜜蠟，光潔可愛。」這裡講到了「黃水晶」。

《方輿勝覽》說：「白而晶瑩之石，名叫高山。高山晶不是魚腦凍」。

《觀石錄》所講：「羊脂玉，質溫潤如摶酥，割肪以其貌似。羊脂，又名晶玉，即魚腦凍」。又說：「靑葡萄、西瓜紅、瓜瓤紅、丹砂，在今天，壽山石沒有這些名稱。」又說：「有人認爲玉脂、瓜瓤紅，即坑頭石。未必是這樣。」

### 【◆芙蓉石，其貴可想◆】

《香祖筆記》：「有人以芙蓉石充壽山石，但它無寶色，其價值遠不到壽山石的五分之一」。然而，著者認爲，芙蓉石寶色雅潔，正如玉環之體，飛燕之膚，雖然它比田黃石和魚腦凍稍差些，也不至於低劣到《香祖筆記》所說的那種程度。閩諺說得好：「一田，二凍，三芙蓉」，佳美的芙蓉石與田黃石相近。

查氏說：「今天壽山存石處，僅只見大洞才有，大槪壽山產石已少，於是就轉到芙蓉穿巖穴開採。」查氏還對大洞產石作了如下註釋：「大洞產石，比田黃差」。查氏所說的「大洞」，實係高山的一個洞窟。

《篆刻鍼度》：「近時所出壽山石，乃是芙蓉巖新石」。

《閩中摭聞》：「今田坑旣盡，石皆出自芙蓉。然而芙蓉有洞無巖，山巖不出石。只有芙蓉本山出產，但它比田黃差，略與于闐白玉近似，但純粹的白玉不受刀，因而遜於芙蓉，其貴可想」。

由此看來，當時愛好壽山石的人，只喜愛田黃、魚腦凍和艾綠石三種。

芙蓉石因爲是初見，所以多抑詞；或許是因其出產較多，所以到今天還沒引起人們的嗜愛。

### 【◆清代壽山石，色類較廣◆】

考《方輿勝覽》，有月尾巖、芙蓉、牛角諸洞，天藍、都靈坑出石，五色斑斕，高山、美人紅、牛尾紫、豬肝紫幾種，與《閩遊詩話》所載略同。

清代開採的壽山石，色類較廣。《秋江集》載：「月尾巖、西牛角、北墩洋、奇艮、高山石（按，墩洋即黛洋；高山為壽山的別名），因地而異名。」

《壽山石記》：「或月淡無聲，湘江一色，或風強助勢，揚子層波」；與《觀石錄》稱：「皎如梨花，又如兩峰積雪」，均泛指凍石。凍石以白色居多。

陳克恕認為《壽山石記》和《觀石錄》這兩段話乃是形容凍石。又說：「晚霞層層，桃塢夕陽」，是形容硃砂紅和桃花紅兩色石；「妍如萱草、春柑，熟如杏蜜、如蠟者」，皆漫指田黃凍石。說青的如「藍蔚蔚有光」，則是形容天藍凍。所說的「鴿眼中丹砂」，不一定限於鹿目格。因為石中存有鴿眼砂似的紅點，不論何坑所產皆有，這種砂點，有點像端溪石眼，駁雜不純。

文犀中有粉蝶、半翅黃，石面上出現疹栗，都屬石的微疵。

如果不是非常純淨，張皇幽渺，盡文章之能事，鬥華落實，就完全失去石的真容。

然而，以人繫石，以石繫傳，徵引繁富，也是難事啊。

### 【◆凍與晶◆】

《石雅·文玩》卷八載：「壽山石，一名凍石。」

著者按：凍石為壽山石的一種，又為壽山各類凍石的總名。

《閩產錄異》：「水凍不取晶瑩，但求白如凝脂，黃如油蘸」。然而它卻不懂得，凍靈極為晶正，以晶瑩為上。玩「凍」字，不如玩「晶」字。

### 【◆美石把玩◆】

周櫟園說：「市凍不如市石」。這又不然。田黃愈玩愈佳。把玩高山石，如果不變劣，也屬佳石。芙蓉石經不起汗污，時間一久，漸漸成為矸黃色。玩石之人常常剝去它的皮取其潔白。

有的人則把這種芙蓉黃視為極品，也不妥。芙蓉石也有紅、黃二色，佳石卻非常罕見。半山產的芙蓉石，石性不如月洋鄉所產的澄淨。

## 【◆石鑑◆】

**燈光凍**——燈光凍石，石面略似牛角石，用燈映照，通體作微紅色，而牛角石則稍黝黑，絕無此光。

**楚　石**——楚石光潔如黑漆，乃是深藍晶。弔筧石與此貌不同。

**黨洋綠**——黨洋綠石翠，遠遠勝過艾綠，但它已經絕產了一百多年。如果今人還說黨洋產石，那就荒謬。

《閩中錄》：「如果人們真的看到黨洋綠，即所謂黑田，係帶黑作肉膏凍色。但黨洋綠多帶黃色，猶如鱔草凍，而且上面蘿蔔紋可辨。」又說：「凡石佳者，質與紋均非常靈軟通潤，紋粗之石都差，這個特徵，不限於黑田。」還說：「凡石佳者，均無紅筋，也無那種沙玷蟲卵似白泡的。如果石面上

有這類東西，品質就下降了」。

**白田與紅田**——白田石，非常靈軟。上面的蘿蔔紋極細又不明顯。它不像石上有渣滓的荸薺餻。

紅田不是原產石，而是好事者另起的名。這種石所以能呈紅色，乃是因壽山地冷，冬季過後，石農用火暖田，使其轉冷為暖，取其易發苗。田石由此受火氣蒸鬱，石的外層黃色轉作橘皮紅色，內層仍帶黃白色，而且往往出現裂紋。這是石的災禍，而不是石的幸事。不知情的人，反而稱其妙。這是為什麼！

有的田石，也有不經受火烤而天然呈現一二絲的稀紅。

**擱溜石**——所謂「擱溜石」，乃是山溪洪水突降，使田土崩塌，田石隨流而出。

《觀石錄》談到擱溜石時寫道：「春雨時，溪澗常有流出，或者得自田農手中。但不叫擱溜石，而稱為黃凍，即黃水晶。色如淺蜜蠟的次一等。有

的像枇杷黃。」

**環　凍**——環凍,不限於牛角凍和水晶石。凡是產自坑頭的壽山石,都可能出現。其質不見得佳。

**牛角凍與天藍**——高山出產的牛角凍和天藍石,石質較鬆,不如坑頭產石質硬。

**鹿目格與尼姑寮**——鹿目格產石,佳者略如田黃,只是不很靈通,也無蘿蔔紋,但超過尼姑寮石。

**都靈坑與蛇瓠**——都靈坑石,超過鹿目格石。

　蛇瓠與都靈坑石,石性郁結。這是它們與田石的不同之處,石面上也無蘿蔔紋。

**糖　凍**——糖凍不是壽山石名,而是意指石浸油未透之狀。

**月尾紫**——月尾紫石,如鮮豬肝,色純紫為佳。

**都靈坑、坑頭和高山石辨異**——都靈坑、坑頭、高山三種石,非常容易分辨。都靈坑石,石質嫩,刀括有聲,石屑起微捲狀。坑頭石,結而嫩,聲音不如都靈坑石硬。高山石質鬆,石屑皆成粉。

**奇　絳**——奇絳比各石都堅,經火更堅,鍛黃變紅,始見其佳。石農把它冒充壽山產石以亂真。甚至用糖殼煨石使其變紅,例如炙老嶺以冒充奇艮石;灼柳坪粗石,使其變黑,冒充煨烏石。

**弔　笕**——弔笕石,遇到火候純,則色如漆;火候偏則拖白,火候過烈,則碎。

　此編所述,目的在於詳實,貴耳賤目之談則不涉及。

**【◆石考二絕◆】**

附錄：自題石考二絕

五丁太息語山阿，
涵負無如發露何。
荔子江瑤應妒寵，
爲他嗜味有東坡。

西河毛氏固齋高，
三百年間失俊髦。
我比兩公須十駕，
猶爲創例敢云豪。

【註】

❶絓陋——遺漏。

❷高毛二錄——高兆和毛奇齡二人合作
編撰《觀石錄》。

❸舛誤——謬誤、錯誤。

❹冕旒——古代禮冠中最尊貴的一種。
此處意指：田黃爲壽山石之冠。

❺泐——石頭按脈理而裂散。

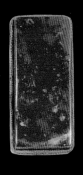

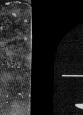

藏

印

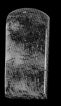

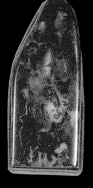
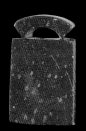

## 【◆覯百貨，貴石品◆】

能聚天下之寶，必在有力之人，當然必須是特別嗜好古玩之士。愛好寶物又有能力，但要聚集寶物，難度也大。收集到寶物，要想辨識它更難。

不過收藏寶物時間一久，耳濡目染如歷十廛，最後就會懂得各種器物。

覯百貨而後貴石品，兼羅並蓄，則天下至寶很少不為所獲。

## 【◆周亮工藏石頗富◆】

藏石之家，宋元無聞。

《觀石錄》說，「謝在杭去世後的五十年，陳越山出品，才開始大貴。」由此可知，謝在杭當有藏石。

據《觀石錄》記載，陳越山以下十一個人，均有藏石。《觀石錄》「序」中講到其師周亮工在《賴古堂印譜》中說：「所藏三十年，積石一千幾百枚」。周亮工自己也說：「收藏老坑凍多也最佳」。清代藏石家，沒有一個能超過周亮工。

毛奇齡記其自己收藏的壽山石有四十九枚。

鄭杰自己說收藏壽山石五百多枚。堪稱閩中先輩。

## 【◆印譜與壽山石◆】

傳世的林雨蒼《篆刻集》，有註《韓居印藏》一卷，所載各名家的印譜，雖然未講用何石刻製，然而可知十之八九是用壽山石材。

## 【◆藏石名家◆】

據我所聞，閩中的龔靄仁、郭蒹秋、陳弢盦、劉步溪、鄭大進、林小秋，蘇州的盛杏孫，寧波的李祖瓊，日本的村木，都收藏壽山石。其中又以龔靄仁、陳弢盦、盛杏孫和李祖瓊四家，藏石最富又最佳。

近年，則以葉潤生、陳桂屏、郭舜卿諸家藏石可稱。

## 【◆藏石宜諸色齊備◆】

我個人認為，收藏壽山石，至少要備齊幾種不同色澤之石。猶如春衫、夏紵、秋裳、冬裘一樣，應該都要儲

備。不過要做到這點，確實不容易。

【◆購璞加工◆】

過去的收藏家極喜歡收藏「璞」。「璞」是指購自石農未經雕琢的壽山石材。久而久之，收藏家才請良工剖視。大概相勢已久，物無棄材，所以，這樣的製品，大大超過古玩市場上的成品。

【◆石上勒名作標識◆】

選用小塊壽山石，在邊緣上勒名，用作標識；每日摩挲眼光心定，不至於以砆砆亂美玉，把卞璞看成燕石。所以，自己必先有實物，而後考察他人手中物品，就不會出現輕視他人藏石，偏貴自己之石。

得到了壽山石，互相觀賞無煩；如果相互藏匿，即可能落入他人之手，因為石也在擇主善藏。

假如以自己藏石賣給外國人，寶物遭毒手，所獲雖然多金，無異於賣友，這種人的品格尤其低。

【◆斲大為小，必喪其材◆】

每觀藏石之家，往往把舊石磋到不到一寸，或鐫姓名於其上，刻上日期，弄得不堪入目。如果要使藏石，欲寶百年，無蹈此轍，而應該篆與文雙留，人與石並傳。即使出現輕微腐蝕，也只須略為修治，自成完璧，不可斲大為小，使喪其材。

【◆賞石乃人生快事◆】

每當明窗淨几，佳日良辰，夜闌人靜，風生雨嘯之時，試呼石友，若有應出者，也是人生之一快事。

下面將各家藏石，略敍如下。

【◆龔易圖藏石◆】

閩縣龔易圖，清布政罷官後，在福州烏石山下，經營山房。以千金購得北城環碧軒，當地富有林泉，因而在其上築五萬卷藏書樓，與當時名士觴詠終日。龔易圖嗜好古畫如命，多置佳石。聽說他把一寸大的雙方田黃，寄藏在天津某處。某年，我曾看見一

位老嫗，手持三方大皆徑寸的芙蓉石細玩，上面的篆文，一為「雙騍園主人」，大概為龔易圖的另一座園名；二為龔易圖的名與字。

龔易圖生前，集有《烏石山房印譜》三卷，計一百六十方，多是壽山石，出其手所自鐫者，但不品石名。

## 【♦陳弢盦藏石♦】

清太傅螺江陳弢盦，田石、芙蓉、昌化石均藏在長子從君紀士處，聽說其弟叔毅的翰苑物格外萃美，可惜未能窺及。

## 【♦林則徐藏印♦】

清林文忠公則徐，布政林壽圖說他家有藏石，但很少。有的壽山石用作私印和押字畫所用，都不太好。

## 【♦鄭大進藏黑田♦】

鄭大進居住福州石井巷，藏有手掌大的黑田，高五寸，重一斤多。日本人以六百金購去。聽說其後人鄭蘄，字章孫，尚有藏石。

## 【♦林氏蓄石一千多方♦】

連江縣林氏，偶忘其名，蓄石一千多方。後為廣州蔡展龐所得，航海時船沈沒於海中。也屬石遭劫難。

## 【♦劉步溪藏石♦】

劉步溪，精通鹽筴之學，嗜好古畫如命。見到故家舊物，目注體屈，貌若甚恭，終必得之為快。其生平收藏的壽山石非常多，其中有大如手掌，方五寸多的坑頭黃。其餘的藏石與陳弢盦相當。

## 【♦郭舜卿藏田黃和楚石♦】

郭兼秋非常嗜好壽山石。他收藏的一方田黃，高四寸多，重達兩斤多。所藏的芙蓉、凍石也富，可惜散失。今其曾孫郭舜卿收藏的田黃和楚石，均佳。

## 【♦李拔可藏昌化石♦】

我的親戚李畲曾任職過太守，先世存留下來的玉尺山房，現為鹽運使署所有。聽說收藏很多佳石。可惜久已

散失。太守的從子拔可先生的案頭，有一對昌化石，高約三寸，方五寸，其材甚偉。見到此石的人說，石面上不見雞血紅，美中不足。

### 【◆林小秋、薩寄農藏石◆】

倉前河沿林小秋，東牙巷薩寄農，均收藏壽山石一百多方。

薩氏的藏石，田黃、芙蓉和昌化石均有。

### 【◆蔡法平藏石◆】

蔡法平購買文儒坊陳茂泰的藏石，其中凍石、高山、都靈坑石都還齊備。

### 【◆吳文華、葉潤生藏石◆】

連江縣明代尚書吳文華藏石約有幾百方。其中用昌化石雕成的十八尊羅漢像和一尊關壯繆像，都是全雞血。這些藏石，幾乎逐漸售完。剩下的三十多方石，被葉丈潤生所得，其中楚石、田黃各兩方，一方芙蓉均佳，還有水晶、牛角諸石。

葉丈住在會城衣錦坊的驛裡。我因編撰本書和他在彝鼎齋相識，整日暢談。一天，正下大雨，他已酣睡，當知道我來訪時，他推被而起，並出示各種名石，讓我縱情觀賞。他口講指畫，不知我們膝之相促。

### 【◆福州藏石名家◆】

長樂陳桂屏，藏有都靈和昌化石。

福州最近藏石名家為郭舜卿和林玉田兩家，他們藏石似可並美。蕭質卿也收藏了很多的名石。

### 【◆俞彥文藏石◆】

浙江俞彥文，清代任侯官縣令，收藏各種石約有一二千方。

### 【◆傅子式藏石◆】

大興傅子式，收藏楚石、田黃、雞血石，也為藏石家中的巨擘。

### 【◆盛杏孫藏石◆】

蘇州盛杏孫，藏石一萬多方，多為田黃和昌化石。去世後，其遺產被人侵吞。這些藏石不知是否還在。

## 【◆王雪軒藏石◆】

浙江巡撫王雪軒，居住於福州黃璞故里，俗稱黃巷，藏有單方田黃，大兩寸多。

## 【◆李祖瓊藏石◆】

寧波商人李祖瓊，擁有各種田黃，雄視天下。人們見到的有六十七方，其中寸半大的佔十一方，都是幾百年的東西。又有三方白水晶，直徑為一寸。其藏石曾經在上海南市展覽。為我們福建石寶，聚一大觀。

李祖瓊的侍妾成行，環石而居。金多，妾多，石多，可稱「三多」。

## 【◆梅蘭芳購田黃◆】

名伶梅蘭芳近來也喜歡購買田黃。

## 【◆故宮藏田黃◆】

故宮藏有一方田黃，大約兩寸，高三寸多，雙鈕上鑿連環鎖，亦屬國寶。

## 【◆田黃巨石◆】

八十年前，壽山出產一塊田黃，形如斧，重三斤一十二兩。被西城黃恩洲太守購去。鄉人售價很低廉，聽說僅三百六十金。掘者七人分金後，各娶一妻。傳聞里社。

## 【◆陳宗怡售石◆】

陳宗怡往年得到一塊田黃，重一斤一兩。和弟弟一道收藏此石。後來售給林玉田，獲得王面錢七百五十元。林又讓日本人買去，賣了三千金。

## 【◆周秦時，石印與金、玉印同科◆】

以石爲印，有人講，始於元代末年，王冕用花乳石刻印，就像《七修類稿》所載那樣。然而，這裡指的是花乳石可爲印而已。

《周禮》於「邦節、玉節、角節、符節」之下，徑直寫道：「貨賄用璽❶」。「節」，即今天的印章。《周禮》又載：「丱人掌金、玉、錫、石之地，爲屬禁而守之職。金掌其戒令，楬而璽之❷，註封以印也。」又載：「金玉函於石者，謂之丱。石謂砥砆之類。」

《說文》：「石之美，訓爲玉」。又載：「印，從爪卪，會意手所持之卪也。」段註：「用玉皆爲卪」。

《釋名》：「印，信也」。所以封物爲信驗也。周人之玉，即今人之石，只是不說印，多說璽。倘以玉專屬卪，則用印當專屬石。

李斯定「八體書」，其中第五叫做「摹印」。出現在周秦時代。石印與金、玉印同科。

## 【◆漢代開始用石印◆】

《漢書・石顯傳》：「牢邪石邪，印何纍纍？綬若若邪？❸」可見在漢代似乎已經用石爲印，同時把石佩在身上作裝飾。

《三國志・江表傳》註：「歷陽縣有石印」。

《唐書》：「武德七年，獲石璽」，可見古代以石爲印。

《印文考略》：「古人的圖畫書籍中都有印，以存識」。這種印叫做「圖書印」，又叫做私印。今人稱印石類爲圖書石。

由此可見，印的出現爲時已久。

## 【◆以壽山石刻印的優點◆】

周秦用玉爲印。漢用金、銅爲印。魏晉六朝沿用舊習。唐宋元間，用石爲印。明用銀、銅、鐵爲印。清的關防鈐記，用木爲印，但文人雅士尤多用石爲印。文彭、何震等人，都喜歡用壽山石鐫印，並說：「昌化石性膩多釘，不適刀法。青田石劣品，也難得筆意。萊州、藍田俱無足取。」

陳克恕也認爲壽山石利於篆刻，潤澤有光，可同金玉匹敵。

朱竹垞詩：「不使花乳求休攙」，那麼花乳石就不足論了。

像瑪瑙、琥珀、水晶之類的寶石，多用於宮廷刻印，用以識別和鈐飾書畫。

還有用象牙、犀角、黃楊木、竹根、檀香爲印，鬥奇矜巧，品類滋多。

### 【◆石印樸茂雄偉◆】

玉印取其瘦硬。

金印堅整。

銅印斑爛。

木印質直。

然而，無論是玉印、金印，還是銅印、木印，都不如石印樸茂雄偉，才宏用廣。

### 【◆壽山石印，實有百吉◆】

我們壽山產石爲印，實有百吉：易於書字，利於奏刀，小大可由，縱橫無阻，拓紙凹凸，欣然謀目，削底清平，盎然悅情。至於邊款，丹青燦爛。可縮小碑，如本蘭亭眞蹟；可塗佳畫，如見雲林精品；可造生象，宛宛神情。然而，玩石之人，尋求佳石；刻印之人，則常用劣品。賞玩與刻印，直分兩途，也是一異事。

### 【◆鑿印鋒力勁瘦◆】

古代印工無不明白篆刻，如孫壽刻秦璽。

秦漢魏晉六朝的官印和私印，印工所篆的文字，乃由楊利、韋誕所書。軍中封拜，多鑿印，以便於急就。百僚印信，有鑄印、鑿印。鑿印鋒力勁瘦，鑄印氣味醇厚。斯爲最勝。

### 【◆追踪秦漢◆】

唐宋印工最劣。

元代吾丘衍、趙孟頫力倡文人學士自己動手刻印，然而不明白刻法，而不能工刻，被今人嗤笑指點。

印工尊奉儒術。鄙意應以追踪秦漢印工爲上，不沿唐宋所習。試觀古代印譜，便知緣由所在。因爲秦漢印工，多鍥鏤鐘鼎，勾勒碑碣，長其筆力，

成其絕藝。今人把紙上的委蛇書畫，施諸石上，不亦敗乎！

### 【◆精於金石字畫◆】

像趙孟頫、傅山、金農、趙之謙等書法家，工於刻印；如鄭燮、奚岡、黎簡之類的畫家，工於刻印；精通《說文》的學者如桂馥，工於刻印。他們都是在精研金石字畫之後才談篆刻。

### 【◆鍥而不捨◆】

我曾不同意揚雄所說「雕蟲篆刻，壯夫不爲」的話，認爲他未得篆刻之道。如果鍥而不捨，可以把千字縮成幾個字，可在徑寸的半圭之中，刻上一大片風景。

### 【◆得金石之秘◆】

盡得金石之秘，足使頡籀❹ 夜哭。優入斯邑之林❺，賢哲也不會厭倦。

世人胸無數卷書，一生仡仡❻ 於刻印中求生涯，瞀然而無得。從小道看來，也確實是小道。

### 【◆治印有派◆】

治印有派，猶如文學分派一樣。創者無心，但師者有意，於是，名立派傳。賢者變革而越來越好；末流放蕩乃見其劣，然而終也不能逃出名派。

### 【◆浙派◆】

浙派遠祖，爲長洲文彭❼ 與蘇宣❽、歸昌世❾、顧苓❿，號稱「四家」。

丁敬⓫ 也是浙派之祖，他與蔣仁⓬、奚岡⓭、黃易⓮，號稱「西泠四家」。他們又同趙之琛⓯、陳豫鍾⓰、陳鴻壽⓱、錢松⓲ 一起，並稱「西泠八家」。

胡震⓳、趙之謙⓴ 輩，名氣都大。

丁敬以後，以安吉的吳俊卿爲「斷輪」㉑。其弟子陳衡恪、王賢、錢崖，皆傳其業。

### 【◆浙印風格◆】

我個人認爲，浙派治印，如周秦文字，雄邁高古，得力於古璽古印。

### 【◆皖派◆】

皖派的何震㉒、胡曰從，皆肆力於仿

文彭。程邃獨自改變文彭和何震的印學影響。而江皜臣也不認同何氏的規模。

此外，汪肇龍、巴慰祖、胡唐，與程邃四人，並稱爲「歙四子」。

至於懷寧鄧石如，出其勁秀溫潤，似乎取法古碑、古帖。總之，皖派比起浙派，有如提倡古文的桐城派與陽湖派。

## 【◆閩派◆】

閩派的練元素、薛銓、藍漣三家，精能於浙皖二派之外，卓然不敗。猶似我們侯官人，擅長古文，有別於桐城人一樣。

## 【◆印派承嗣◆】

綜觀印學各派，浙派的文彭，實開皖派的先河。而丁敬、吳俊卿，實掩浙派之長。皖派的何震，實承浙派之傳。鄧石如實束皖派之局。閩派的薛銓，如朝華之啓夕秀，所以，揮斥閩派，遵循大道者何處有止限？主要是我們福建人不能自限。

**【註】**

❶**璽**——印章。古代尊卑通用。秦漢後，惟皇帝印稱璽。

❷**楬而璽之**——蓋印作標識。

❸**牢邪石邪，印何纍纍？綬若若邪？**——這是漢代一首民歌。其意謂：那麼多的石印，用綬帶拴在身上，牢固嗎？

❹**頡籀**——傳說倉頡造字。早期漢字爲籀文，即大篆。所以把倉頡稱爲頡籀。

❺**優入斯邑之林**——意謂跨入印學領域。

❻**仡仡**——勇壯。

❼**文彭**——明代篆刻家、書畫家。字壽承，號三橋，又號漁陽子。文徵明的長子。長洲（今江蘇吳縣）人，生於公元1498年，歿於1573年。工書法，初學鍾、王，後法懷素，晚年傾全力於孫過庭，以篆、隸最見精粹。

❽**蘇宣**——明代篆刻家，字爾宣，又字嘯民，號泗水。歙縣人。生於公元1553年，卒年不詳。其作能得漢印神貌。著有《蘇氏印略》四卷。

❾**歸昌世**——明代篆刻家，字文休，號假庵。崐山人，寄居常熟。生於公元1573

年，卒於1644年。其論印：「作印不徒
學古人面目，而在探其源。源則作者性
靈也。性靈出，而法也生，神也偕焉。」

❿顧苓——明末清初篆刻家，字雲美，別
號濁齋居士。吳縣人，隱於虎丘。篆刻
師承秦漢印，不求形似，能得其神。著
有《塔影園稿》。

⓫丁敬——清代篆刻家，字敬身，號硯
林，又號鈍丁，別號玩茶叟、丁居士、
硯林外史等。浙江錢塘（今杭州人），
生於公元 1695 年，卒於 1765 年。篆刻
取法秦銖漢印，善多頭取法，孕育變
化。以切刀法刻印，方中有圓，蒼勁質
樸。著有《武林金石錄》等。

⓬蔣仁——清代篆刻家，原名泰，字階
平，後得「蔣仁」古銅印，乃更名。號
山堂，別號吉羅居士、女床山民。浙江
仁和人，生於公元1743年，卒於1795年。
篆刻流利中見樸茂，且以顏體行楷刻
側款，別有風致。

⓭奚岡——清代篆刻家，原名鋼，字鐵
生、純章，號蘿龕、蝶野子，別號鶴渚
生、蒙泉外史、蒙道士等，原籍安徽新
安，寓杭州。生於公元1746年，卒於1803
年，篆刻宗秦漢，風格清雋。

⓮黃易——清代篆刻家、書畫家，字大
易，號小松、秋盦。浙江仁和人，生於
公元 1744 年，卒於 1802 年。篆刻醇厚
淵雅。工隸書，沉着有致。

⓯趙之琛——清代篆刻家、畫家。字次
閑，號默父，別號寶月山人。浙江錢塘
人。生於公元 1781 年，卒於 1860 年。
篆刻工整挺拔，尤以單刀著名。著有
《補羅迦室印譜》。

⓰陳豫鍾——清代篆刻家，字浚儀，號秋
堂，浙江錢塘人。生於公元1762年，卒
於1806年。篆刻工整秀致，側款尤為清
麗。

⓱陳鴻壽——清代篆刻家、書畫家，字子
恭，號曼生，又號号壽、曼公，別號種
榆道人、夾谷亭長等。浙江錢塘人，生
於公元 1768 年，卒於 1822 年。篆刻取
法秦漢，擅長切刀，縱肆爽利。曾與宜
興紫砂藝術家楊彭年合作製壺具，世
稱「曼生壺」。

⓲錢松——清代篆刻家，字叔蓋，號耐
青、鐵廬，別號西郭外史、雲居山人。
浙江錢塘人，流寓上海。生於公元1818
年，卒於1860年。曾摹漢印二千方，所
刻雄渾淳樸。著有《未虛室印譜》。

❶胡震——清代篆刻家，字伯恐、不恐，號鼻山，別號富春山人，富春大嶺長。浙江富陽人。生於公元 1817 年，卒於 1862年。工隸書，所作亂頭粗服，具有天眞自然之妙。

❷趙之謙——清末篆刻家、書畫家。初字益甫，號冷君，後改字爲撝叔，號悲盦、憨寮、鐵三。浙江會稽人。生於公元 1829 年，卒於 1884 年。篆刻講究章法，吸取古錢幣、鏡銘、碑版等篆字入印，古勁渾厚，閑靜遒麗，別創新格。印側刻畫像，也屬首創。

❷斲輪——相傳齊桓公讀書於堂上，造輪的工匠（名扁）斲輪於堂下，扁答桓公斲雕車輪之術，要「不徐不疾，得心應手」，有「行年七十而老斲輪」之語（見「莊子·天道」）。俗稱經驗豐富，技藝高超之人爲斲輪手。

❷何震——明代篆刻家，字主臣、長卿，號雪漁，婺源人。生年不詳，卒於1604年。篆刻取漢鑄印之長，構圖簡潔，章法平正，創用切刀法，刀痕顯露，生辣中有蒼勁之氣。

拾貳

雜記

## 【◆壽山氣候溫和，景色宜人◆】

壽山氣候溫和，只是在冬末春初氣溫低時見雪。

從青石溪望半蘭亭、翠微院一帶，密巒碧水澄映，景色宜人。漸往上登，更爲淸疏雄奇。

## 【◆知採而不知藏，能藏而不能採◆】

壽山和月洋二鄉，民多力田，採石爲業，所以多有佳品落於田夫野老之手，而後登賢人雅士之席。因爲野老知採而不知藏，雅士能藏而不能採。

## 【◆石農售石◆】

石農賣石多在冬月。因爲耒耜暇隙，懷裏入城。遇見熟悉的城市居民互相噓寒問暖，並把其家作爲歇足地，然後出佳石而售；或者懸價居奇。買石之人，只要先在道旁等候，必能買到，也屬趣事。

## 【◆壽山石的其它用途◆】

壽山石粉可爲宮粉、粉紙、粉布、牙粉、胰皂、塑像，以及通過化學方法製成的各種瓷器原料。選其粗石舂碎，每年銷往日本和本國頗多，產額約幾萬擔，價值十多萬元。

## 【◆壽山要隘◆】

壽山爲福州北郊外的要隘。自長箕嶺而上，至豬蹄亭、蔡嶺之間，山路崎嶇，伏莽竊發，遊客多阻，山靈呵護，固在善執干戈。

## 【◆虎皮凍◆】

壽山石中的虎皮凍，即弔筧石中的一種。豆靑，即老嶺麓所產，又名虎嘴綠。猶如芙蓉石中有上洞石，都靈坑石中有尼姑寮石一樣。

## 【◆壽山謠◆】

壽山謠：「杜陵坑，砂成山。鴦水彩，千人貪。」言其色佳如水。去砂則澄澈。又說：「連江黃，假田黃，售癡漢，烏能詳？」以其色似田黃，貴有巨眼辨也。

【◆壽山寺坪地窟◆】

壽山寺坪遺址有地窟縱橫四五丈，旁砌以磚。掘地能不能得石，當從此窟中發現。

【◆壽山四社◆】

壽山鄉人，以張、黃、王、陳四姓為四社。每逢正月，在土神廟祭神飲餕，以卜農蠶吉凶。

【◆高山洞命名◆】

高山如大健、嫩嫩、世元、和尚、祥容等洞，均為石農逐漸開鑿而成。於是以開鑿者的名字而命名。

拾叁

跋尾

　此稿最初在福州起草，正值我往江
左出差，於是把草稿攜往南通、丹徒、
蘇州，舟車途中披視。一旦獲得參考
書籍，即行展鈔。去年冬天返歸故里，
復加編訂，得以告竣。

　本想將各種佳石，調色製版，附印
鈕式，然而限於財力無法辦到。但願
再版時實施。閒居事此無益，十分慚
愧。

# 拾肆 閩中印人錄

## 【◆鄭所南◆】

鄭所南，一名思肖，連江人。宋代太學上舍生❶。工詩，善畫蘭花。其所用章，多自刻。著有《鐵函心史》。

## 【◆高濲◆】

高濲，字宗呂，號石門子。侯官人，明代處士❷。善於詩畫，尤精墨蘭，鉤竹。篆、隸、草書，八分❸、印章都非常佳妙。著有《石門集》。

## 【◆宋珏◆】

宋珏，字比玉，號荔枝仙，莆田人，明末諸生❹。流寓金陵，工詩、山水、八分。在吳越間，兼善摹印。後人稱他爲「莆田派」。錢牧齋、王阮亭都非常欣賞他的作品。有遺稿行世。

## 【◆薛居瑄◆】

薛居瑄，字宏璧，其先爲晉江人，後籍爲侯官。後坐開元寺爲人刻印，遠出諸家之上，而淡然不爲名。

## 【◆薛銓◆】

薛銓，字穆生。宏璧的兒子。明末諸生。專注於古篆，嗜好印章，格調似父，尤知名當世。

## 【◆許友◆】

許友，字有介，號甌香，侯官人，明末諸生。詩文字畫多逸致。其所自用印，後歸周櫟園。著有《米友堂集》。

## 【◆藍漣◆】

藍漣，字公漪，侯官人，清初諸生。能詩和篆、草、八分，兼擅繪事。與吳偉業、毛奇齡友善。著有《采飲集》。

## 【◆練元素◆】

練元素，侯官人。與穆生、采飲齊名。

## 【◆劉漁仲◆】

劉漁仲，字履丁，漳浦人。

## 【◆林從直◆】

林從直，字白雲，號古魚，侯官人，清初諸生。著有《閩詩選小傳》。

【◆黎士弘◆】

黎士弘，字媿曾，長汀人，康熙間進士。間也喜歡鐫刻印篆。著有《素齋文集》。

【◆上官周◆】

上官周，字文佐，長汀人，清布衣❺。工詩，精畫，兼喜篆刻。與查慎行、黎士弘交情深厚。著有《晚笑堂詩集》和《畫傳》、《印譜》。

【◆鄭際唐◆】

鄭際唐，號雲門，侯官人，康熙年間進士。喜摹印，貫穿六書，覃思研精，章法刀法俱妙。

【◆李根◆】

李根，字阿靈，又號雲谷，閩縣人。工詩，小楷，畫山水，不妄涉一筆。尤工刻印。著有《雲谷堂印譜》二卷。

【◆翁陵◆】

翁陵，字壽如，建寧人。工畫，能詩，小楷、圖章、分書，皆有意致。

【◆林霪◆】

林霪，字德澍，號雨蒼，又號桃花洞口漁人，晚年號舜坪老人，侯官人。工刻印。著有《印商》二卷、《麗則齋印譜》二卷、《樓印史貞石》前後編。

【◆伊秉綬◆】

伊秉綬，字組似，號墨卿，寧化人，乾隆間進士。善分隸，能詩，精鐵筆。其所用印均自製，惟不輕為人作。評論家說他的風格近於桂未谷。著有《留春堂詩鈔》。

【◆伊念曾◆】

伊念曾，字少沂，號梅石。墨卿子。工篆刻，兼寫山水、梅花。著有《守研齋詩鈔》。

【◆郭尚先◆】

郭尚先，字元開，號蘭石，又號伯抑父。莆田人，嘉慶間進士。畫蘭竹極工。著有《增默菴詩》。

【◆郭慎行◆】

郭愼行，字幼安，又字愼餘。蘭石的孫子，工分隸，著有《手刻印譜》行世。

【◆謝曦◆】

謝曦，字育萬，號發川，閩縣人。善草書。好蓄端硯，又選擇壽山石隨意琢鏤，動合古製，頗足珍貴。

【◆黃昇◆】

黃昇，字象侯，善印章，莆田人。

【◆洪試之◆】

洪試之，字少白，號聖鼻，南安人，工篆刻。

【◆賴熙朝◆】

賴熙朝，字得位，長汀人。

【◆陳少逸◆】

陳少逸，字少和，漳州人。精篆刻，善人物山水。

【◆林晉◆】

林晉，字晉白，莆田人，善鑴晶章，性嗜飲。曾說：「不飲則腕殊無力奏刀，於是昏昏有俗心耳」。

【◆林黼◆】

林黼，字質夫，號石峰，閩縣人。明正德進士。通篆籀，深印學。

【◆林熊◆】

林熊，字公兆，莆田人。刻印以漢人爲法，詩、畫、分書均工。

【◆余藻◆】

余藻，字采芝，莆田人，工篆刻。著有《石鼓齋印鼎》。

【◆吳晉◆】

吳晉，字平子，莆田人。初作印多用莆田派，後漸能自變。久客都下❻，名重一時。又善畫墨蘭。

【◆陶碧◆】

陶碧，字石公，晉江人。向歙縣人江皜臣學印，而不爲所囿，能自成一

格。

【◆楊玉暉◆】

楊玉暉，字叔夜，長汀人。詩文皆獨出己意。刻印時不太措意，偶一動刀，輒臻上品。

【◆吳暉◆】

吳暉字秋朗，邵武人。能詩工畫，行楷多逸致，圖章略仿文彭與何震。

【◆趙彥衡◆】

趙彥衡，字允平，漳浦人。思維敏捷，能作指南針、自鳴鐘。並醉心於西洋算法。兼工篆刻，能詩。

【◆魏植◆】

魏植，字楚山，一字伯建，莆田人。

【◆呂世宜◆】

呂世宜，字可合，號西邨，同安人。道光間舉人❼，嗜好金石、篆、籀、分隸，工刻印。著有《愛吾廬文稿》。

【◆劉永松◆】

劉永松，字筠川，侯官人，道光間諸生。講漢法，博覽研究金石，工篆隸。

【◆張鶴佺◆】

張鶴佺，字洞山，侯官人。工山水，精籀文、鐵筆，有詩稿。

【◆鄭汝霖◆】

鄭汝霖，字鐵侯，永泰人，咸豐間貢生❽。建有萬鑑堂，藏書數萬卷。工篆隸，雕刻圖章，爲時推重。著有《抱閭山莊詩稿》。

【◆龔易圖◆】

龔易圖，字藹仁，號含晶，閩縣人，咸豐間進士❾。工詩畫、篆刻。著有《烏石山房詩存印譜》。

【◆高行篤◆】

高行篤，字叔遲，號實甫，侯官人，寄籍秀水，同治間諸生，精小學❿，工篆，能印。

【◆林紹祖◆】

林紹祖，字瑞人，侯官人，同治間舉人，善草書，工篆刻。

## 【◆陳湯奏◆】

陳湯奏，字子護，閩縣人，光緒間舉人，能繪事和篆刻，著有《承雷居印草》一卷。

## 【◆黃天錫◆】

黃天錫，字智皋，閩縣人，光緒間諸生。工刻印，著有印譜。

## 【◆黃梓庠◆】

黃梓庠，字杞良，號澹盦，永安人，光緒間拔貢生，善八分書，篆刻也佳。有《澹盦印譜》。

## 【◆鄭筅◆】

鄭筅，字雨篁，莆田人。著有《硯齋印譜》二卷。

## 【◆王虢◆】

王虢，字雙冶，號介庵，閩縣人。

【註】

❶上舍——宋代太學生。

❷處士——未仕或不仕的讀書人。

❸八分——漢字書體名，即八分書，也叫分書。字體似隸而體勢多波磔。

❹諸生——明清時，經省各級考試，錄取入府、州、縣學者，稱生員。生員有增生、附生、廩生、例生等名目，統稱諸生。

❺布衣——庶人衣服，平民的代稱。

❻都下——京城。

❼舉人——鄉試登第者。

❽貢生——挑選府、州、縣生員中成績或資格優異者，升入京師的國子監（太學），叫做貢生。

❾進士——經會試、殿試而登第者稱進士。

❿小學——文字學、訓詁學、音韻學的合稱。

# 【引用書目】

宋，梁克家《三山志》

宋，祝穆《方輿勝覽》

明，黃仲昭《八閩通志》

明，何喬遠《閩書》

明，王應山《閩都記》

清，郝玉麟監修《福建通志》

清，楊廷璋續修《福建續志》

清，陳壽祺修《道光通志》
　　　陳衍修《福建新通志》

清，徐景熹《福州府志》

清，王紫華《榕城名勝輯要》

清，林楓《榕城考古錄》

清，施鴻保《閩雜記》

清，陳雲程《閩中摭聞》

清，周亮工《閩小紀》

清，鄭杰《閩中錄》

清，徐祚永《閩遊詩話》

清，郭柏蒼《閩產錄異》

明，徐𤊹《竹窗雜錄》

清，王士禎《香祖筆記》

清，魏杰《九峰志》

清，高兆《觀石錄》

清，毛奇齡《後觀石錄》

清，卞鑿《壽山石記》

明，謝肇淛《遊壽山記》

宋，黃幹《勉齋集》

明，謝肇淛《小草齋集》

明，徐𤊹《幔亭集》

明，陳鳴鶴《泡菴詩選》

清，朱彝尊《曝書亭集》

清，查慎行《敬業堂集》

清，黃任《秋江集》

清，陳克恕《篆刻鍼度》

清，周亮工《印人傳》

清，汪啓淑《續印人傳》

清，葉銘《廣印人傳》

清，周亮工《賴古堂印譜》

清，龔易圖《烏石山房藏印》

近人，章鴻釗《石雅》

近人，梁津《福建鑛務誌略》

近人，陳文濤《近代民生地理志》

近人，杜其堡《地質礦物學大辭典》

中華藝術導覽 ❽

# 壽山石考

張俊勛　原作
熊　寥　譯註
王智敏　圖說

| | | |
|---|---|---|
| 美術規劃◉ | 李純慧設計工作室 | |

| | | |
|---|---|---|
| 法律顧問◉ | 北辰著作權事務所 | |
| ◉ | 蕭雄淋律師 | |

| | | |
|---|---|---|
| 發 行 人◉ | 何恭上 | |
| 發 行 所◉ | 藝術圖書公司 | |

| | | |
|---|---|---|
| 地　　址◉ | 台北市羅斯福路3段283巷18號 | |
| 電　　話◉ | (02) 2362-0578・(02) 2362-9769 | |
| 傳　　眞◉ | (02) 2362-3594 | |
| 郵　　撥◉ | 郵政劃撥 0017620-0 號帳戶 | |
| E－mail ◉ | artbook@ms43.hinet.net | |

| | | |
|---|---|---|
| 南部分社◉ | 台南市西門路1段223巷10弄26號 | |
| 電　　話◉ | (06) 261-7268 | |
| 傳　　眞◉ | (06) 263-7698 | |

| | | |
|---|---|---|
| 中部分社◉ | 台中縣潭子鄉大豐路3段186巷6弄35號 | |
| 電　　話◉ | (04) 2534-0234 | |
| 傳　　眞◉ | (04) 2533-1186 | |

| | | |
|---|---|---|
| 登 記 證◉ | 行政院新聞局台業字第 1035 號 | |

| | | |
|---|---|---|
| 定　　價◉ | 450 元 | |

| | | |
|---|---|---|
| 再　　版◉ | 2002年 4 月30日 | |

ISBN　957-672-248-9